RECRUITING (4.0)

Non cercare il talento, fatti trovare

Come il marketing e la comunicazione efficace hanno rivoluzionato il mondo delle risorse umane

Copyright © 2021 – Roberto Chessa

È vietata la riproduzione, anche parziale o ad uso interno o didattico, con qualsiasi mezzo effettuata, compresa la fotocopia per legge la fotocopia è lecita solo per uso personale purché non danneggi l'autore.

L'immagine di copertina è prelevata da pixabay.com

Sommario

INTRODUZIONE	Pag.	7
Perché non si trovano persone valide?	Pag.	13
Cambiare punto di vista	Pag.	15
RECRUITING STRATEGY	Pag.	35
Tu in che modo riesci ad attrarre i migliori talenti?	Pag.	41
Aziende copia e incolla	Pag.	42
Sei ciò che comunichi	Pag.	45
SOCIAL RECRUITING	Pag.	49
Dalla Job Description a Candidate Persona	Pag.	51
Generazione XYZ: il target è servito	Pag.	55
I 3 cervelli	Pag.	69
Le parole sono importanti	Pag.	75
Gli avversativi	Pag.	78
L'ordine delle parole suggestiona il pensiero	Pag.	80
I particolari fanno la differenza	Pag.	85
L'inconscio rifiuta la negazione	Pag.	89
Sequenze che stimolano il pensiero e l'azione	Pag.	101
Pensa come un pesce	Pag.	103
Stimolare il pensiero all'azione	Pag.	109
SCHEMA DECISIONALE	Pag.	111
Rettile	Pag.	115
Limbico	Pag.	121
Neocorteccia	Pag.	129
NON CERCARE, FATTI TROVARE	Pag.	137
L'Aida	Pag.	138
Il metodo CVB	Pag.	141
RECRUITING FUNNEL	Pag.	147
Da cliente interno a Brand Ambassador	Pag.	151
Le fasi del Recruiting Funnel	Pag.	155
Attrarre	Pag.	157
La fase di screening	Pag.	165
La fase di selezione	Pag.	170
La fase di fidelizzazione	Pag.	171

CANDIDATE EXPERIENCE — Pag. 173
Net Promoter Score — Pag. 177
Candidate Journey — Pag. 183

RECRUITER 4.0 — Pag. 187
Gli indici di performance — Pag. 193
Conclusioni — Pag. 199
Vademecum del buon Recruiter 4.0 — Pag. 201

"Assumi persone dalle quali, tu e la tua azienda, possiate imparare qualcosa, a livello umano e professionale"

Roberto Chessa

INTRODUZIONE

Le persone scelgono la tua azienda esclusivamente per avere un posto di lavoro, o perché ti hanno scelto tra tanti, e perché lo desiderano veramente?

L'obiettivo di ogni azienda deve essere quello di trovare la persona giusta, per il posto giusto.

Il talento in grado di fare la differenza.

La tua azienda in che modo è attrattiva per i candidati, ed in che modo riesci ad attirarli, incuriosirli?

Troppe aziende continuano a lamentarsi di non trovare le persone giuste, e tanti candidati invece, di non trovare aziende in linea con le proprie ambizioni.

È il così detto **risvolto della medaglia**, ampiamente spiegato nel libro "il processo di ricerca e selezione del personale: come attrarre i migliori talenti in azienda".

La persona giusta, per il posto giusto. Chi offre e chi cerca, un incontro che spesso termina con l'insoddisfazione di una delle parti.

Il concetto arcaico, dove chi assume, ha una posizione di superiorità nei confronti del candidato, oggi lascia il posto, o meglio, dovrebbe lasciare il posto ad una relazione bilaterale.

Il recruiting è un **matching**, dove l'azienda assume ed il candidato offre le proprie competenze, disponibilità, tempo.
È un dare e avere da parte di entrambi.

Secondo gli studi effettuati da We Are Social, 35 milioni di italiani utilizza Internet ed ha un profilo social, e la quasi totalità naviga tramite dispositivi mobili

Oltre la metà delle persone che cerca lavoro attivamente, lo fa attraverso internet, mentre molte aziende invece non riescono a tenere il passo.

Infatti, solo l'11% degli italiani usa internet per lavoro.

Se prima il recruiter era un mix tra Freud ed un ragioniere del catasto, oggi si vede "costretto" ad aggiornare le proprie skills. Internet ha rivoluzionato il mondo, e di conseguenza anche il mercato del lavoro. Perciò anche i recruiter obbligatoriamente devono adeguarsi e trovare nuove forme e strumenti per restare al passo con il proprio target.

Quando lamentarsi porta un risultato a costo zero

Tante volte capita di leggere articoli eclatanti dove L'azienda X, si lamenta di voler assumere, ma non riesce a trovare persone interessate o interessanti.

È vero, uno dei limiti del mercato del lavoro, è proprio quello della carenza di determinate figure professionali, che richiedono qualifiche specifiche o l'iscrizione ad un determinato albo.

Questo è un discorso molto più ampio dove le responsabilità vanno ricercate in ambiti più ampi, e non è questo il contesto dove approfondire l'argomento.

Ma ritorniamo alla nostra azienda X che ricerca figure generiche, per le quali non ci vogliono studi particolari o specializzazioni.

In questo caso le argomentazioni più gettonate vanno dalla lamentela numero 1, ovvero non si trovano persone motivate, sino al luogo comune principe di questo settore: "i giovani non hanno voglia di lavorare".

Il fatto di non ricevere candidature valide o riceverne poche, come per miracolo sparisce, nel momento in cui il quotidiano del caso, pubblica l'articolo.

Oltre la versione cartacea, consideriamo il web con le varie condivisioni, che danno una visibilità importante all'azienda, la quale viene sommersa da candidature.

Quindi non è più un problema di mancanza di candidati, ma più un discorso legato ad un piano di comunicazione assente o poco efficace, o di un budget molto limitato o totalmente assente.

In questi anni ho raccolto decine di articoli, dove le aziende si lamentano del fatto di non riuscire a trovare personale, e mi piace andare in rete a ricercare il dopo.

Da internet non si scappa. Puoi trovare di tutto. Infatti, se cerchi trovi, come per la dieta, il prima e il dopo.

Si trovano le notizie al post pubblicazione dell'articolo.
Dopo una bella botta di visibilità, come sarà andata a finire?

Non mi è mai capitato di leggere di un'azienda che dopo la pubblicazione della **notizia mascherata da inserzione**, non abbia trovato ciò che cercava.

Anzi spesso si ottiene l'effetto contrario, ovvero una quantità incredibile di domande alle quali in buona parte dei casi, non si è in grado di far fronte in maniera professionale.

Tra le tante storie di aziende che si sono rivolte a giornali per "lamentare" la mancanza di candidature, mi hanno colpito un paio, che per ovvi motivi non farò nomi, ma voglio giusto trasferire il concetto.

Un imprenditore del settore alimentare da 6 mesi cercava personale per uno dei suoi negozi.

Aveva affisso un cartello. Ma entravano solo persone che "non andavano bene".

Così decise di rivolgersi ai giornali, ed immaginate, oltre 1200 cv per quella posizione.

Ma la cosa che mi ha fatto sorridere di più, è stata il fatto che la persona assunta, dopo aver letto l'articolo, ha telefonato all'imprenditore, dicendogli di aver mandato il curriculum settimane prima, ma non aver ricevuto alcuna risposta, nonostante fosse referenziata e con esperienza.

Il signor Pino (lo chiameremo così per questioni di privacy) non aveva letto le mail, "perché non aveva tempo per queste cose".

Tutto bene quel che finisce bene.

Un altro caso interessante riguarda una industria che cercava oltre 70 persone, ma nonostante annunci ed un passaparola selvaggio, non era riuscita a trovare nemmeno una persona.

Così, preso dalla disperazione, anche lui si rivolse al quotidiano locale, e indovinate?

Bhè, ve la faccio breve, il sig. Carlo (che chiameremo così, sempre per questione di privacy) si vide costretto addirittura ad organizzare un job day, costituendo un team di professionisti per poter raccogliere e analizzare la quantità di candidature pervenute.

Perché non si trovano persone valide

I motivi per i quali non si riesce a trovare persone valide, possono essere vari e ricollocabili in contesti differenti.

Consideriamo che come evidenziato da Business Career, il 75% delle persone che **cercano attivamente** lavoro, prima di inviare la propria candidatura fanno una ricerca accurata su internet.

Quindi può anche capitare che una mancanza di attrattiva o di informazioni, una scarsa visibilità o una **brand reputation** non proprio idilliaca, possa incidere sulla scelta e pertanto sulla qualità delle candidature ricevute dall'azienda.

Ipotizziamo che su 1000 persone che visualizzano l'inserzione, il 10% resta incuriosito.
Su 100 persone il 25%, quindi 25, inviano la candidatura senza approfondire e purtroppo, spesso senza nemmeno leggerla.
I restanti 75, dopo aver preso informazioni in rete e non aver trovato un punto di incontro comune, decidono di rinunciare e proseguire altrove la propria ricerca.

Ci sono persone che a prescindere, inviano la propria candidatura senza nemmeno leggere l'inserzione.

Sono **i risponditori compulsivi**, che inviano cv a pioggia, sperando nella legge dei grandi numeri.

Quelli che:
- cercano qualsiasi cosa, basta che ci sia lo stipendio;
- il loro profilo non ha niente a che vedere con ciò che cerchi;
- quando eventualmente li contatti per un colloquio, non si ricorderanno mai chi sei e ti risponderanno "sa, ho inviato talmente tanti cv";
- anche nel caso in cui avessero fissato un colloquio, non si presenteranno, senza nemmeno avvisare.

Non amo generalizzare e tantomeno puntare il dito verso chi cerca una occupazione, ed in modo completamente disorganizzato in preda alla disperazione invia candidature come se non ci fosse un domani.

Purtroppo, spesso, tra i candidati che ti inviano la candidatura e per i quali non sei soddisfatto, ci stanno nella maggior parte dei casi, queste tipologie di persone.

Perciò fatti una domanda:

Perché le persone valide non rispondono alla tua inserzione?

Cambiare punto di vista

Quindi le persone valide esistono, non sono una entità astratta, e si possono anche trovare.

A volte è più difficile fare in modo che ti scelgano, in altre circostanze che restino, in altre ancora che lavorino motivate e producano.

Troppi lavorano solo per lo stipendio, rallentando l'azienda invece che spingerla.

Oggi, ho la fortuna di poter scegliere i miei clienti e decidere se accettare oppure no un incarico, ma si sa che all'inizio della carriera si tende a prendere un po' tutto.

Questo pur sapendo che ci saranno ottime probabilità che quella selezione non potrà essere duratura, per via di mancanza di trasparenza o disallineamento di valori e altri motivi che palesemente ne possono inficiare l'efficacia.

Tu trovami la persona giusta, poi ci penso io.

Affermazione pericolosissima.

Poi la persona non va bene, oppure "scappa" dopo pochi giorni?

Una, due, tre, è sempre colpa del candidato, che non ha voglia, che non è motivato, che non ha fame se venditore.
Oppure è colpa del selezionatore che non ha fatto bene il suo lavoro.

Ma l'azienda, cosa fa per attirare, motivare, formare, incentivare, per il rispetto degli accordi e soprattutto quello umano.

Prima di tutto, un processo di ricerca e selezione fatto a regola d'arte **ha bisogno dei suoi tempi.**

Si cerca personale in base:

- alla dinamica delle uscite e dei pensionamenti;
- passaggi di livello;
- interventi strutturali sull'asset strategico (promozioni, riorganizzazioni, riqualificazione);
- posti vacanti.

Purtroppo, molte aziende ricorrono alla ricerca esclusivamente nel momento in cui nasce l'esigenza, ovvero quando il posto è vacante, quindi in una **situazione d'urgenza**.

ESIGENZA + URGENZA = SUPERFICIALITA'

Si sa che spesso la fretta, l'agire troppo d'impulso, può portare a sottovalutare aspetti fondamentali, commettere errori, e gli errori hanno **un costo, di tempo e denaro**.

<u>*SOPRATTUTTO NEL CASO IN CUI, CI SI TROVA COSTRETTI AD ACCONTENTARSI DEL MENO PEGGIO*</u>

Ma cosa accadrà fra due mesi, fra sei mesi, un anno? Quanto durerà?

"sì, ma io ho fretta, mi serve entro la prossima settimana"

Se la ricerca viene fatta direttamente dall'azienda ci si affida spesso alle conoscenze o al massimo ad una inserzione su qualche portale gratuito.

Pertanto, sarà molto probabile incappare nel meno peggio e accontentarsi, oppure **rafforzare una falsa convinzione** come quella che non si trovano persone valide.

Se invece l'azienda si rivolge ad un operatore del settore, con tempi così stretti, chi accetta l'incarico si vede costretto ad una mera scrematura dei profili presenti in archivio, magari risalenti ad anni prima, non aggiornati o poco in linea con il profilo ricercato.

Inutile dire che anche in questo caso, l'esito darà lo stesso risultato di cui sopra, solo che in questo modo l'imprenditore si deresponsabilizza, attribuendo la "colpa" all' Agenzia che non è stata in grado di fare il suo lavoro.

Per pianificare un processo di ricerca e selezione del personale attivamente non ci si può esimere dal fattore tempo, che deve tenere in considerazione tutti gli aspetti delle varie fasi.

Ogni azienda dovrebbe costantemente **monitorare il mercato**, senza aspettare che si verifichi l'urgenza, ma costruire un database di potenziali candidati sempre aggiornato, e come vedremo in seguito, costruire **un sistema che porti candidature già profilate** in maniera automatica.

Le aziende che fanno questo tipo di attività sono molto poche, perciò bisogna aspettare il tempo per:

- delineare una job description (JD);
- predisporre l'inserzione;
- scegliere i canali più efficaci;
- aspettare che arrivino in cv;
- raccogliere le candidature;
- fare la scrematura in linea con la JD;
- convocare i candidati;
- fare i colloqui;
- valutare i candidati migliori

Questi dovrebbero essere i passaggi fondamentali.

Con i tempi ristretti è scontato dire che molti passaggi saranno trascurati, e questo andrà ad incidere pesantemente sulla qualità del processo stesso.

Sappiamo perfettamente che un processo di ricerca e selezione è costituito da fasi distinte.

Analisi: per capire esattamente di cosa e di chi abbiamo esattamente bisogno.

Ricerca: come informare ed attrarre i migliori candidati.

Selezione: è una vera negoziazione bilaterale, abbiamo un posto di lavoro da offrire, un'azienda da vendere, e dall'altra parte qualcuno interessato all'acquisto e a sua volta, a vendere sé stesso, la sua professionalità e competenza.

Ogni fase del processo è fondamentale e necessita di un'attenta analisi e relativa esecuzione a regola d'arte.

Per quanto riguarda le fasi di un processo di ricerca e selezione potremmo applicare il concetto legato alla piramide rovesciata, che viene utilizzata nelle vendite.

Man mano che andiamo avanti nelle fasi, la nostra piramide si restringe. Partendo dal primo passo, l'approccio, sino ad arrivare alla chiusura.

Questo vuol dire che all'inizio ci vorrà maggior sforzo ed impegno, ma se ogni fase viene svolta nel modo corretto, alla fine la chiusura sarà solo una formalità.

Altrimenti dovremmo tornare indietro sui nostri passi per capire dove abbiamo sbagliato.

Applicazione delle Piramide rovesciata alle fasi di recruiting

Chi ha partecipato a qualche mio corso o letto il libro "I 3 livelli della vendita", sa quanto mi piaccia immaginare ogni negoziazione come un percorso, con un punto di partenza ed uno di arrivo.

Col verde si passa, col rosso ci si ferma.

Ad ogni livello corrisponde un semaforo, per essere superato, deve essere verde, ma spesso senza rendercene conto, passiamo con il rosso.

Questo vuol dire che ogni passo è fondamentale, e se fatto a regola d'arte ci permette di arrivare al traguardo, senza doverci guardare indietro.

A differenza di una trattativa commerciale, nella ricerca e selezione tornare indietro in una delle fasi, può voler dire buttare all'aria tanti soldi e tempo.

Possiamo "giocarcela" durante il colloquio, ma se abbiamo sbagliato l'analisi della posizione o i canali di ricerca?

In quel caso avremmo davanti un tassello che non combacia con il nostro puzzle.

Le tempistiche per portare avanti un processo di selezione in "proattività", (dal momento in cui nasce l'esigenza, sino alla scelta del candidato) quindi in assenza di un database aggiornato e qualificato, difficilmente riescono ad essere inferiori a 30 giorni.

Questo ovviamente se c'è una persona che quotidianamente dedica il giusto tempo alle varie attività.

Ma pensiamo alle piccole realtà imprenditoriali, dove non c'è un reparto risorse umane.
Spesso capita che queste attività vengano ritenute marginali, affidate alla persona meno impegnata al momento, oppure seguite direttamente dall'imprenditore, che tra le mille cose da fare, deve trovare anche il tempo per questo.

Se trascuriamo o non diamo il giusto valore alla ricerca e/o al candidato durante il colloquio, andremo incontro a quanto già detto in precedenza.

Lo scopo
Quando si parla di scopo in ambito aziendale, il pensiero va ai concetti di mission e vision e su questo ritorneremo in seguito.

Lo scopo della posizione, dove si evincono le responsabilità di una determinata figura ricercata, più **lo scopo dell'assunzione**, identificano **il perché** sto assumendo quella determinata figura.

È un elemento molto importante da prendere in considerazione prima di iniziare un processo di recruiting e spesso oltre non essere chiaro per chi assume, viene completamente omesso al candidato.

Abbiamo visto quali siano i motivi per i quali si assume, ma su questo non ci si sofferma abbastanza.

Quando lavoriamo sull' "identikit" del candidato ideale, comprendere il perché sto assumendo, le motivazioni che ci spingono all'assunzione, sono elementi che devono emergere chiaramente e possono farci propendere su un candidato rispetto ad un altro.

Sto assumendo perché:

- Ho bisogno esclusivamente di "tappare un buco"?
- Per un periodo limitato?
- Un domani dovrà diventare un manager?
- È un ruolo esecutivo oppure direttivo?
- Dovrà gestire persone?
- Avrà delega operativa, funzionale?
- Quale sarà il suo inquadramento?
- La retribuzione potrà crescere? In base a quali fattori?
- È previsto un piano di incentivi/formazione/crescita?

Queste sono una minima parte delle domande che dobbiamo farci ancor prima di creare una scheda candidato.

Nel marketing si parla di target di riferimento, ed in base a questo, si sviluppa la strategia più efficace per raggiungerlo.

I dati raccolti saranno fondamentali nella fase di acquisizione del contatto, nella negoziazione e nella sua fidelizzazione.

Nel recruiting accade la stessa identica cosa.

- Cosa cerca il nostro "target", quali sono le leve motivazionali che lo spingono nella "scelta d'acquisto"?
- Perché dovrebbe lasciare il suo attuale "fornitore" per scegliere noi?
- Cosa ci rende differenti rispetto alla concorrenza?

Assumere una persona per un periodo limitato è molto diverso rispetto ad una assunzione a tempo indeterminato.

Soprattutto se si richiedono caratteristiche e skills esperienziali, è difficile riuscire ad attrarre un talento e portarlo via alla concorrenza.

Le persone valide lavorano già, e se stanno valutando nuove proposte, difficilmente restano a lungo sul mercato.

La fortuna e la sfortuna di molte aziende è che i talenti che si sentono inadatti nell'attuale ruolo, si guardano spesso intorno.

Esistono anche **talenti assopiti,** tutte quelle persone che per vari motivi, hanno smesso di credere in sé stessi.

Un capo poco attento, un partner troppo negativo, l'ambiente, le circostanze.

Insomma, i fattori che possono spegnere la scintilla del talento sono tanti, e bisogna saperli individuare e trovare la giusta leva.
Ecco perché è fondamentale emergere, farsi notare, fare la differenza

Così come le aziende investono nei propri collaboratori, questi lo fanno nei confronti dell'azienda.

Si può anche rinunciare ad un livello, ad una retribuzione superiore, se ci sono **accordi chiari ed obiettivi condivisi**.

Troppe volte a queste domande le aziende sono evasive e non danno risposte. E lo fanno perché le risposte non le hanno.

E in molti casi non si sono nemmeno mai posti la domanda.

Riuscire a valorizzare una risorsa e fare in modo che si senta parte integrante di una squadra, è il segreto del successo delle aziende che guardano al futuro, imparando dal passato, restando focalizzati sul presente.

Roberto Chessa

TEMPI

quando dovrò inserire il candidato in organico

COSTI

Quanto sono disposto ad investire per questa figura

SCOPO

Perché sto assumendo

La strategia è il compito principale delle organizzazioni.

È il tao della vita o della morte, ed il suo studio non può essere accantonato.

"Sun Tzu" 500 a.C.

RECRUITING STRATEGY

Non ci si può improvvisare o affidarsi al caso.

Bisogna avere un metodo.

Nel 500 a.C., Sun Tzu per la prima volta parla di strategia.

La strategia imprenditoriale è pertanto, un comportamento, un atteggiamento, un piano d'azione finalizzato al raggiungimento degli obiettivi a medio e lungo termine.

Atteggiamento e metodo, sono i due elementi sui quali ci dobbiamo concentrare in questo contesto.

Tutto cambia, quante volte l'abbiamo detto.

Ogni settore ha subito importanti e significativi cambiamenti e risulta essere sempre più competitivo.

Quello che ieri funzionava, oggi è obsoleto.

Sono cambiati i clienti, le richieste di mercato, le dinamiche relazionali, le strategie di acquisizione e fidelizzazione dei clienti.

E in tutto questo mutare, non poteva certo restare fuori il mondo delle risorse umane, ed in particolar modo la ricerca e selezione del personale.

È fondamentale essere focalizzati su tutti quei fattori determinanti, che stanno incidendo nella trasformazione anche del ruolo stesso del recruiter.

Pertanto, risulta indispensabile acquisire nuove competenze, affiancando il mondo intangibile delle risorse umane a quello più calcolatore e pragmatico del marketing e della comunicazione.

I modelli tradizionali sino ad oggi applicati nella ricerca e selezione del personale, pur restando le basi di questa attività, devono evolversi, agevolando procedure più snelle, dove la parola d'ordine è **qualificare i candidati**.

Termine anche questo, preso in prestito dal marketing, si riferisce alla profilazione dei contatti, ovvero la capacità dell'azienda di acquisire contatti, in questo caso candidati interessati alla nostra offerta e soprattutto che abbiano caratteristiche ed attitudini in linea con quanto da noi ricercato.

Qual è l'obiettivo di una ricerca?

Andare ad individuare una persona che possa fare la differenza, l'incastro perfetto.

Si, perché Il processo di recruiting è un puzzle, l'unione esatta di tanti tasselli, l'uno con l'altro, per ottenere il risultato desiderato.

Possiamo definirlo **un ciclo produttivo**, suddiviso in fasi distinte, direttamente funzionali l'una all'altra.

Un ciclo assimilabile a quello di un qualsiasi bene o servizio che si voglia immettere nel mercato.

Cosa fareste prima di produrre un nuovo prodotto/servizio: prodotti di bellezza, automobili, tariffe telefoniche.

Quale sarebbe la prima cosa da fare?

Un'analisi di mercato, per capirne la fattibilità, le potenzialità, i limiti, il bisogno, la richiesta.

Fatto questo, bisogna **comunicare al mercato** l'esistenza, quindi ... "venderlo".

E non si può vendere un prodotto, se è difettoso, se nessuno lo vuole, e soprattutto se, non hai chi te lo vende.

Partiamo da un dato. Consideriamo che di media, ogni 20 persone "esaminate" si riesce a trovare un candidato idoneo per il profilo desiderato.

Avere un metodo ben definito, sicuramente ci permette di ridimensionare in maniera considerevole il rischio d'errore, che trattandosi di esseri umani, perciò "entità complesse", è sempre presente.

Eppure, troppe aziende continuano ad avvalersi di una modalità di ricerca legata prevalentemente alle conoscenze, al passaparola, alla portinaia, al nipote del politico.

Una modalità di ricerca che definisco, **modalità zia Maria**.

Questo può essere un canale di raccolta candidature, ma non può certo essere l'unico. Sarebbero a rischio, sia la quantità che la qualità delle candidature.

__Ma se esistono aziende in grado di trovare dei veri talenti, come fanno?__

Hanno fortuna? o probabilmente seguono un metodo, una strategia che funziona?

L'inserimento di nuovi collaboratori deve rappresentare per un'azienda un punto di svolta, portando valore alla struttura.

Sapere che quella persona è valida, competente, che ci si può fidare, porta ad avere più tempo a disposizione e maggiore serenità per l'imprenditore.

Quindi partiamo dal presupposto che è possibile trovare la persona giusta.

Buona parte delle aziende trascurano l'attività di ricerca e selezione del personale.

La carenza di una vera cultura a riguardo è evidente.

Tu in che modo riesci ad attrarre i migliori talenti?

Tenendo sempre presente anche il fatto che la persona valida difficilmente resta troppo tempo senza lavorare, le aziende fanno a gara per averlo.

La così detta **"guerra dei talenti"**, ovvero la competizione da parte delle aziende di attrarre i talenti migliori e soprattutto non farseli scappare, sta diventando sempre più stringente.
L'espressione 'guerra dei talenti' nasce grazie all'intelletto di tre consulenti della McKinsey & Company, azienda di consulenza strategica leader al mondo.

In particolare, nel 1997, Ed Michaels, Helen Handfield-Jones e Beh Axelrod, volevano indicare il fenomeno di grande competizione che si crea tra le imprese, per individuare, assumere e trattenere quelle risorse umane, in grado di rappresentare un vantaggio competitivo.

A questo possiamo collegare espressioni che stanno diventando sempre più di uso comune, come **attraction** e **retention**, elementi in grado di apportare un reale valore aggiunto per le imprese.

Ritorneremo presto su questi aspetti.

Aziende copia e incolla

Una delle frasi più "gettonate" nelle aule di formazione è sicuramente: "distinguersi per non estinguersi".

La strada più breve per morire è imitare i metodi dei propri avversari. [Winston Churchill]

Il concetto di unicità sta diventando sempre più raro.

Tante aziende simili, con prodotti simili, prezzi simili, che si rivolgono allo stesso target.

Oltre gli aspetti legati al prodotto o servizio proposto, quali possono essere gli aspetti in grado di fare la differenza, aiutando la tua azienda ad aggirare la concorrenza, invece che continuare a competere in una guerra al ribasso auto distruttiva?

Le persone.

Le imprese, troppo focalizzate nel riuscire ad emergere rispetto ai propri competitor, spesso dimenticano che il vero valore è generato dai propri collaboratori, e pertanto dalla loro capacità di attrarli e mantenerli.

Senza far questo, si rischia di diventare obsoleti ed estinguersi.

McKinsey, ritorna più volte sull'argomento, direi con cadenza decennale.

Prima nel 2007 e poi nel 2017, accentuando il fatto che i manager dovrebbero costantemente rimodulare le modalità per poter attrarre, motivare e trattenere i propri collaboratori ad alto valore.

Attraverso l'ultima pubblicazione del report:
"Skill shift: automation and the future of the workforce" riconferma quanto in precedenza espresso, attualizzandolo al contesto dei giorni nostri.

Continua McKinsey, che oltre le nuove competenze da sviluppare, nel futuro prossimo non dovranno essere accantonate le abilità sociali ed emotive, e competenze cognitive.

Non esiste intelligenza artificiale, tecnologia, algoritmo, in grado di poter sostituire la creatività, l'intelletto, la passione ed il cuore dell'essere umano.

Ecco perché non possiamo permetterci di fare le scelte sbagliate.

Roberto Chessa

Sei ciò che comunichi

Ancora prima di "aprire" una nuova posizione lavorativa, ogni azienda deve essere in grado di far sì che i candidati possano associare al proprio **brand**, concetti positivi come **fiducia, affidabilità, solidità, qualità**.

Questo permette di **attirare, incuriosire e far desiderare** di essere parte integrante dell'azienda stessa.

Troppe volte questo aspetto viene trascurato.

Fino a qualche anno fa, per ricercare personale ci si avvaleva prevalentemente della carta stampata: quotidiani, riviste specializzate.

Con l'avvento di internet i più innovativi hanno iniziato a raccogliere candidature attraverso il proprio sito internet, altri ad affidarsi ad agenzie esterne.

L'innovazione digitale ha dato grande spazio all' e-recruiting, ovvero tutte quelle attività di ricerca e selezione, direttamente connesse al mondo internet.

Oggi i canali più utilizzati, dalle aziende e dai candidati, nel mercato del lavoro sono le **piattaforme online, i canali digitali, i forum e i social media.**

Rispetto al passato, oltre i vari siti specializzati, oggi i canali a disposizione sono tantissimi:

- il sito web dell'azienda

- i social network

- i vari motori di ricerca, (che consentono di leggere articoli e recensioni che riguardano l'azienda)

- i forum (per leggere i commenti di dipendenti, clienti, o collaboratori dell'azienda)

- LinkedIn (dove è possibile individuare i nomi e i ruoli dei dipendenti ed eventuali recensioni o critiche)

Sempre più i candidati assumono modalità di ricerca ed atteggiamento mentale, simile ai consumatori.

Qual è la prima cosa che fai quando devi acquistare un prodotto?

Vai su Google e prendi informazioni, leggi le recensioni e dopo decidi.

La stessa cosa viene fatta da chi cerca lavoro.

Ed è proprio per questo che concetti strettamente legati al marketing, come attrarre, fidelizzare, posizionamento, oggi trovano riscontro nel recruiting.

Parliamo infatti di recruiting marketing.

Volto a sviluppare l'immagine dell'azienda stessa.

La Digital Innovation, o trasformazione digitale, unisce il mondo "analogico" ed i metodi tradizionali a quello digitale.
Un cambio di mentalità e di strumenti.

Affidarsi alle nuove tecnologie per essere in grado di comunicare con il target in maniera mirata.

Il recruiting marketing raggruppa tutte le tecniche per trovare, attirare e coinvolgere i talenti.

Oggi la visibilità da sola non basta.

Ad esempio, avere un sito statico che non comunica ed interagisce, è un po' come avere una bella macchina ferma in garage.

Perché un candidato dovrebbe scegliere un'azienda rispetto ad un'altra?

Anche l'evoluzione del mercato del lavoro non poteva che passare attraverso le nuove forme e strumenti di comunicazione.

Le aziende ed i recruiter si vedono "costretti" ad intervenire in anticipo sulla propria immagine, e pianificare nuove strategie, nell'ottica di nuovi inserimenti in organico.

SOCIAL RECRUITING

Cercare ed offrire lavoro attraverso le varie piattaforme social, risulta uno strumento altamente proficuo, soprattutto per quanto concerne **la relazione** tra aziende e candidati.

La possibilità di interagire oggi può fare la differenza rispetto al passato, dove il rapporto tra datore di lavoro e collaboratore risultava essere asettico e distaccato.

Inoltre, il social recruiting ha la grande forza del passaparola. Con un semplice click è possibile condividere una offerta di lavoro tra i propri contatti, generando come viene definito traffico organico.

Il traffico organico si riferisce al **coinvolgimento** (engagement) proveniente da azioni non a pagamento.

I canali social sono un ottimo strumento che permette all'azienda di effettuare campagne di recruiting, con costi ridottissimi rispetto ai vari portali di ricerca lavoro.

Se abbiamo ben chiaro **il nostro target**, attraverso delle campagne sponsorizzate, possiamo raggiungere chi stiamo cercando.

Lo possiamo fare semplicemente impostando dei parametri, come ad esempio interessi o zona geografica.

Per dare maggiore forza al nostro messaggio, è possibile collegare altre azioni e strumenti, ad esempio un blog aziendale o la **pagina lavora con noi** del sito.

Ci tengo a ribadire il fatto che questo sia esclusivamente uno step, che ci permette di entrare in relazione con il potenziale candidato.

Possiamo confrontare la sua identità digitale con quella del suo cv, e prendere tutte le informazioni del caso online, ma deve sempre essere collegata ad una azione successiva offline.

Ancora oggi, per fortuna, l'aspetto umano e la relazione ci permettono di comprendere se quella persona può essere l'incastro perfetto per il nostro puzzle.

Dalla Job Description a Candidate Persona

Personalmente sono molto affezionato alla "vecchia e buona" Job Analysis.

Raccogliere le informazioni per delineare in maniera minuziosa la figura ricercata.

Ritengo che ancora oggi sia lo strumento più completo ed efficace.

Per dovere di cronaca devo anche considerare altre modalità che nell'ultimo periodo stanno affiancando questo modello di identificazione.

Nonostante sia maggiormente diffusa in altri Paesi, anche in Italia da qualche anno sta prendendo piede la **Candidate Persona**.

Proiezione della più nota buyer persona, utilizzata nel marketing, attraverso la quale si tende a creare profili vero simili per tracciare il cliente tipo.

Questo strumento collegato al mondo del recruiting, ci aiuta per creare una sorta di identikit del candidato ideale, al fine di indirizzare la nostra comunicazione verso i canali più efficaci, in linea con il target specifico.

Imprenditori e recruiter sanno esattamente cosa cercano, e spesso lo custodiscono gelosamente all'interno della propria testa.

"ho tutto qui, nella testa"

Ma si sa che il nostro cervello non è in grado di immagazzinare troppe informazioni, perciò è normale che durante il ciclo di recruiting molte di queste informazioni si perdano nel cammino.

Perciò in aiuto dei recruiter è possibile utilizzare delle schede che riepiloghino le principali caratteristiche ed informazioni che riguardano un determinata figura.

Selezione dopo selezione, posizione dopo posizione, ci ritroveremo con un archivio di schede che potranno ritornarci utili nel momento in cui si dovesse verificare una ricerca analoga.

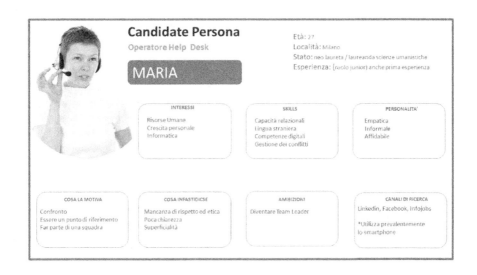

Esempio di candidate persona per il ruolo di operatore Help Desk Junior

Generazione X Y Z: il target è servito

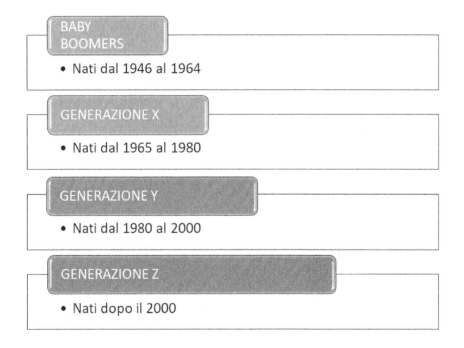

Lavorando quotidianamente all'interno delle aziende, mi confronto con due mondi spesso divergenti.

Da una parte la generazione X (i nati dal 1965 al 1980), che ancora ricoprono la maggior parte dei ruoli cardine in azienda, e dall'altra parte i nativi digitali.

Ovviamente i millennials, o generazione Y, è normale che abbiano una maggiore dimestichezza con gli strumenti social e si debbano spesso scontrare con processi lenti ed obsoleti, figli del: "abbiamo sempre fatto così".

La loro capacità di acquisire informazioni, elaborare dati, ma soprattutto il loro vivere a portata di smartphone, ha trasformato o meglio, sta trasformando completamente i vari processi di recruiting.

Ecco perché risulta fondamentale curare la propria comunicazione e presenza web.

Consideriamo anche un altro aspetto, ovvero che tra qualche anno oltre l'80% della forza lavoro apparterrà alla fascia dei millennials che a differenza dei loro predecessori, hanno valori ed abitudini differenti.

Le uniche leve non potranno essere di carattere economico.

Ma facciamo un po' di chiarezza sulle varie fasce di età.

Più generazioni a confronto, si distinguono per modo di pensare ed agire, per abitudini, storia, valori.

Seguendo la traccia dettata dagli studi di Barclays insieme all'Università di Liverpool, andiamo a definire le 5 tipologie individuate.

Senior (i nati prima del 1945)

La prima fascia di età presa in considerazione è quella dei senior, ovvero i nati prima del 1945.
A questa categoria dedicheremo meno spazio in quanto chi appartiene a questa fascia, qualora presente in azienda, riveste un ruolo dirigenziale o istituzionale.

Questo però non deve farceli escludere da alcune considerazioni ai fini del target, in quanto oltre il 15% degli italiani over 65 ha un profilo Facebook e molto più tempo a disposizione.

Nonostante evidenti difficoltà tecnologiche, a differenza dei più giovani e tecnologici, che sono più sbadati e frenetici, loro sono maggiormente predisposti a leggere, ed essendo "figli del: se l'ha detto la tv è vero", possono essere degli eccellenti veicoli di passaparola.

Baby Boomers (i nati dal 1946 al 1964)

Nati in un periodo di prosperità economica e forti cambiamenti ideologici, sono i "guardoni del web".

Tranquilli niente di scabroso o sessuale, mi riferisco al fatto che essendo molto legati al rapporto umano, vecchio stampo, al faccia a faccia, nonostante abbiano un profilo social, sono poco avvezzi alle varie dinamiche.

Sono quelli che "girano" con il cellulare vecchio modello, e quando si collegano dal pc, navigano senza grandi interazioni, principalmente per osservare in silenzio, stupendosi di quanto la tecnologia sia andata avanti.

Oltre il 65% dei baby boomers ha un profilo Facebook, ma solo il 14% interagisce con un brand. (fonte: Sprout social)

Per poter comunicare con loro bisogna seguire due parole chiave: **semplicità e chiarezza**.

Generazione X (i nati dal 1965 al 1980)

Bhè che dire, questa è certamente la fascia migliore in assoluto, ma essendo di parte, potrei lasciarmi andare a facili entusiasmi.

Figli delle prime rivoluzioni digitali, hanno attraversato l'evoluzione tecnologica, dallo sviluppo del linguaggio dos (1980) da precaricare nei neonati personal computer, passando da windows 1.0 (1985), alla rivoluzione di windows 95, per arrivare ai giorni nostri.

Un percorso nel quale molti si sono persi, restando ancorati a vecchie modalità operative, rifiutando l'evoluzione digitale come progresso.

Insomma, si stava meglio quando si stava peggio.

Eppure, secondo quanto emerge da una ricerca condotta da Nielsen, sono proprio gli appartenenti a questa categoria, quelli che trascorrono molto più tempo sui social, 7 ore a settimana su Facebook, un'ora in più rispetto ai millennials.

Sono abituati a ricercare informazioni su internet, per leggere recensioni ed opinioni.

Oltre Facebook sono molto presenti su Twitter, mentre come abbiamo detto prima, rifiutando in parte le ultime innovazioni, tendono a scartare o risultano maggiormente restii nello sperimentare nuove piattaforme come Snapchat o Tiktok.

Generazione Y (i nati dal 1980 al 2000)

Per citare il titolo di una canzone, sono l'esercito dei selfie, alla continua ricerca spasmodica di like.

Con i termini generazione Y, millennial generation, next generation (generazione successiva) o net generation (generazione della rete) si indica la generazione che, nel mondo occidentale o primo mondo, ha seguito la generazione X e alla quale succede la generazione Z: coloro che ne fanno parte – detti millennial(s) o echo boomer(s) – sono i nati fra i primi anni Ottanta e la metà degli anni Novanta. [fonte: Wikipedia]

Oggi i millennial rivestono un ruolo importante nei processi di selezione delle aziende.

Sono esperti nell'utilizzo delle varie piattaforme social e di strumenti informatici.

Spaziano con facilità tra Facebook, YouTube, LinkedIn, Instagram, e padroneggiano i vari portali di recruiting e di video cv.

Potremmo dire che i millennials sono ovunque e per riuscire a coinvolgerli è fondamentale saper parlare la loro lingua.

La quasi totalità dei Millennials si connette con lo smartphone, e prediligono messaggi snelli, istantanei.

Per questo motivo i messaggi pubblicitari tradizionali non hanno effetto.

Sono multitasking, riescono a guardare la tv e chattare con lo smartphone, scorrere le notizie mentre con un secondo telefono parlano o guardano un video. Conquistare la loro fiducia e catturare la loro attenzione è sempre più difficile.

Generazione Z (i nati dopo il 2000)

Alla generazione Z appartengono tutte quelle persone venute al mondo dopo la nascita del web e di tutte le attuali nuove tecnologie.

Se la mia generazione a 13 anni sognava un trenino o la pista Polistil, per loro è "indispensabile" avere un telefonico.

Non hanno bisogno di un libretto delle istruzioni, riescono a dialogare con gli strumenti digitali, scoprendo funzioni che non immaginiamo, in maniera naturale ed automatica.

Non si limitano a condividere contenuti ma li creano.

Fidelizzarli o farli appassionare ad un marchio è compito arduo.

Sono impazienti e la loro soglia d'attenzione è molto limitata, pari a 8 secondi.

Per questo motivo cercano soluzioni snelle dove i tempi d'attesa sono rapidi.

Lo stile comunicativo deve passare prevalentemente attraverso il canale visivo.
Difficilmente i messaggi testuali vengono presi in considerazione.

Negli anni i canali social hanno cambiato il proprio target di utenti, pertanto è fondamentale conoscere le varie tendenze per poter sfruttare al meglio i vari strumenti nel processo di ricerca e selezione.

Alcuni dati dimostrano che mentre nel 2016 quasi il 78 % degli utenti di Facebook era al di sotto dei 30 anni, nel 2019 solo il 42% degli utenti di Facebook, Instagram e Messenger risulta under 34.

Nel rapporto Digital 2019 di We Are Social (https://wearesocial.com/it/digital--2019--italia) si evince quanto l'uso dei social stia assumendo sempre più rilevanza.

L'utilizzo di internet è aumentato del 27% rispetto l'anno precedente.

Su una popolazione di quasi 60 milioni, il 92% degli italiani utilizza internet regolarmente, e di questi 35 milioni sono attivi sui vari canali social, la quasi totalità navigando da dispositivi mobili (31 milioni)

Sempre secondo i dati di We Are Social gli utenti attivi in Italia su ciascuna piattaforma sono:

31 milioni Facebook
19 milioni Instagram
12 milioni LinkedIn
2,50 milioni Snapchat
2,35 milioni Twitter

Ovviamente l'età dei "naviganti social" si diversifica in base alla piattaforma scelta.

LinkedIn viene utilizzato maggiormente per la ricerca di annunci di lavoro, per il proprio personal branding, e per la creazione della propria rete professionale.
Facebook invece, viene utilizzato principalmente per prendere informazioni personali, sui titolari e collaboratori di un'azienda, verificare la reputazione di un datore di lavoro.

Se è vero che il 59% dispone di una connessione Internet, solo l'11% lo utilizza per lavoro.

Così come i candidati "sfruttano" i canali social come Facebook o LinkedIn per prendere informazioni sulle aziende e/o i titolari, anche i recruiter stanno iniziando ad utilizzare sempre più questa modalità di analisi e ricerca.

Un Brand va ben oltre uno slogan pubblicitario, è l'emozione che genera e soprattutto ciò che resta nella testa del candidato.

Roberto Chessa

"Non c'è mai una seconda opportunità, per dare una buona prima impressione"

Questa affermazione, divenuta famosa, grazie ad Oscar Wilde, racchiude in sé, un concetto, tanto semplice, quanto assolutamente reale ed attuale, oggi più che mai.

Si stima che la prima impressione si aggiri tra i due secondi ad un massimo di cinque minuti, nei quali "fotografiamo" o veniamo fotografati, catturando tutte le informazioni, come abbigliamento, postura, tratti somatici, espressioni, tono della voce, parole etc etc.

Per quanto riguarda il web, i dati sono ancora più restrittivi.

C'è un tempo definito "critico", per evitare l'abbandono di un sito internet da parte di un utente.

In base ai dati raccolti da Nielsen, la permanenza media su una pagina web dura poco meno di 60 secondi.

Un intero sito web viene esplorato in media in meno di 5 minuti.

In un arco temporale così limitato i visitatori "corrono" fugacemente alla ricerca di qualcosa che li possa incuriosire.

C'è il tempo per leggere al massimo 1/4 del testo scritto sulle pagine, ma non è nemmeno detto che lo facciano.

Ecco perché risulta fondamentale colpire nel segno.

Il mercato del lavoro cambia con il mutare delle generazioni.
Il concetto di fiducia non è più una prerogativa esclusiva dell'azienda verso il dipendente, ma reciproca.

I candidati hanno aspettative molto elevate nei confronti dell'azienda e di conseguenza dei suoi titolari/amministratori.

La reputazione delle aziende diventerà sempre più un elemento cardine nel mercato del lavoro, per poter attrarre e trattenere i talenti migliori, quelli del futuro.

I 3 cervelli

Abbiamo parlato più volte di quanto sia importante generare fiducia, attenzione ed emozioni.

Per comprendere come reagisce il nostro cervello ai vari stimoli generati da un messaggio, prendiamo come spunto di riflessione, gli studi del neurologo Paul Mclean, il quale negli anni 70 sviluppò una ipotesi, "rivoluzionaria" per l'epoca.

Secondo Mclean Il cervello, è sviluppato in 3 aree distinte, collegate all'evoluzione dell'essere umano, che funzionano con tempi e sequenze differenti.

Il cervello rettile, quello limbico ed infine la neocorteccia.

Cerchiamo di capire meglio come queste dinamiche possano correlarsi al linguaggio e di conseguenza alla comunicazione e alle relazioni umane.

Cervello rettile

Il primo, il più antico, atavico, ancestrale, risalente al paleolitico.
Infatti, è in esso che risiedono gli istinti primordiali, come attacco e fuga.

L'elemento principale di questa parte del cervello è la fiducia, il punto di congiunzione tra le altre aree.

Provate a pensare ad una trattativa commerciale, suddivisa in vari step. Il primo l'approccio, dove l'obiettivo è quello di trasmettere **fiducia**, per poter poi passare alla fase successiva.

Se il cliente non si fida di noi, non ci permetterà di fare domande, acquisire le informazioni essenziali per poter individuare le esigenze reali e fare una proposta.

Nella comunicazione è la stessa cosa, le tre aree sono collegate tra loro, e come un passaggio a livello chiuso, hanno bisogno di "aprirsi", per permetterci di andare avanti.

Il cervello Rettile **contatta e gestisce il corpo,** il respiro, le sensazioni, contrazioni, percepisce la fisicità dell'esperienza, il cuore che batte, le percezioni sensoriali, il caldo e il freddo, le emozioni primordiali istintive legate al mantenimento della sicurezza: la paura, la rabbia e la tranquillità.

Il cervello rettile risulta molto sensibile alle immagini, soprattutto per quanto riguarda i bisogni o istinti primordiali, come cibo o sesso.

Ad esso, infatti viene attribuita la responsabilità della prima impressione.

Dal punto di vista della comunicazione, se ci interfacciamo faccia a faccia con un altro individuo, ovviamente abbiamo a disposizione vari elementi, e quello visivo è il predominante.

Se invece, svolgiamo un lavoro dove il telefono è lo strumento principale, non possiamo utilizzare le leve appartenenti al nostro corpo e dovremo sfruttare le potenzialità della nostra voce.
Se invece la comunicazione avviene in forma scritta, la scelta delle parole giuste ed il loro posizionamento risulterà fondamentale. Pensate ad un blog, una lettera commerciale, una campagna marketing, o più semplicemente creare un post sul nostro social network preferito.

Cervello limbico

Al secondo livello, nella scala evolutiva, troviamo il cervello limbico, sede delle nostre emozioni.

È qui che trova spazio l'empatia, elemento essenziale dell'ascolto efficace.

È la parte del cervello che ci permette di emozionarci davanti ad un film, farci trasportare da una lettura coinvolgente, incuriosire ed attrarre da una campagna pubblicitaria.

Non c'è spazio per la logica, se questa parte del nostro cervello non trova interesse, entusiasmo, passione, in ciò che vede o sente.

C'è chi lo definisce cinico, proprio per questo motivo. Potrebbe "alzare un muro" laddove nella comunicazione, non dovesse riscontrare interesse o coinvolgimento emotivo.

Neocorteccia

L'ultima nella scala evolutiva, è la neocorteccia.

Può essere definita la parte razionale, deputata all'elaborazione dei dati, e al ragionamento logico.
Talmente evoluta da incorrere spesso in valutazioni fallaci, vere e proprie cantonate.

Il suo limite infatti, è la velocità, o meglio la fretta, e questo come sorta di protezione dal carico cognitivo, come abbiamo già avuto modo di spiegare in precedenza.

Il cercare la via più breve, più semplice, la porta a deduzioni o meglio supposizioni, basate su apparenti ragionamenti logici, come ad esempio: + caro=migliore, o incorre nei vari filtri distorsivi, preconcetti, convinzioni.

I 3 cervelli, dovrebbero convivere in equilibrio tra loro, ma accade spesso che una parte prenda il sopravvento sulle altre, andando in contrasto o amplificando ricordi e tracce lasciate dalle nostre esperienze passate.

Le parole sono importanti

Ma come parli? le parole sono importanti.

Come dimenticare quella scena di "palombella rossa", dove Moretti va in escandescenza davanti ad un linguaggio "particolare" della giornalista.

Se non avete mai visto il film, vi invito a digitare sul motore di ricerca la frase "le parole sono importanti" e troverete gli spezzoni della scena. Ogni volta che lo vedo, non smetto di ridere.

Le parole sono importanti, altroché.

Hanno una forza incredibile. Sono in grado di portarti al settimo cielo, come distruggerti.

Possono ferire, fare male, oppure darti la forza giusta per risolvere situazioni difficili.

Tutto dipende da come le utilizziamo.

Per padroneggiare la lingua, non basta conoscere un numero consistente di vocaboli.

Dobbiamo conoscere come le parole si scrivono, come si pronunciano ed ovviamente come si collegano tra loro per costruire un messaggio corretto, ma soprattutto efficace.

Le nostre esperienze incidono "pesantemente" sulla comprensione delle parole e la struttura del messaggio.

Chi ha frequentato qualche corso di PNL, avrà sentito dire che le parole, oltre rappresentare le nostre esperienze, le incorniciano.

Cosa vuol dire?

Le "cornici", contestualizzano le parole, portando in evidenza alcuni aspetti, lasciandone altri sullo sfondo.
Per chiarire meglio questo concetto, utilizzerò alcuni esempi presenti nel libro "il potere delle parole e della PNL" di Robert Dilts.

Oggi è una bella giornata di sole,
ma
domani pioverà

Oggi è una bella giornata di sole,
e
domani pioverà

Oggi è una bella giornata di sole,
anche se
domani pioverà

Prendiamo la frase:

oggi è una bella giornata di sole

Nel primo caso:

"oggi è una bella giornata di sole, **ma** domani pioverà"
Collegare le due frasi con l'avversativo MA, fa in modo che rimanga impressa nella mente, esclusivamente la seconda parte, tralasciando completamente la prima.

Nel secondo caso:

"oggi è una bella giornata di sole, è domani pioverà"
Per rendere paritetiche le due frasi, è fondamentale unirle con una congiunzione, che appunto congiunge e non separa.
Questo le porterà sullo stesso piano, dandogli lo stesso valore, perciò nella mente resteranno entrambe impresse.

Nel terzo caso:

Colleghiamo le due frasi con "anche se".
Questo permette di mantenere un focus positivo sulla prima parte della frase.

Gli avversativi

Pensiamo a tutte le volte che utilizziamo avversativi come il "ma" ed il "però".

Fanno parte del nostro lessico, e nemmeno ce ne rendiamo conto.

Soprattutto non ci rendiamo conto di quanto in certi contesti sia deleterio il loro utilizzo, come ad esempio, nei momenti di confronto o addirittura di conflitto, quando si hanno opinioni differenti, e si cerca di non prevaricare l'altro.

Almeno, questa è l'intenzione.

Quante volte ci siamo sentiti dire questa frase, o l'abbiamo detta.

<Certo, sono d'accordo con te, però secondo me ....>

Perfetto, abbiamo appena detto, che di quello che pensa l'altra persona ci interessa ben poco, in quanto a noi interessa solo il nostro punto di vista.

Potrebbe anche essere decifrato come: hai detto una fesseria, ho ragione io e tu torto.

Inconsciamente stiamo creando una barriera, tra noi ed il nostro interlocutore, e la difficoltà di raggiungere il nostro obiettivo, sarà molto bassa.
Sarà elevata la possibilità invece, di creare attrito e conflitto.

Come possiamo cambiare modalità, e di conseguenza il risultato della nostra comunicazione?

- comprendo quello che dici, è anche vero che;
- cono d'accordo con te, considera anche che;
- anche io pensavo fosse così, poi mi sono reso conto che;
- capisco perfettamente il tuo punto di vista, e proprio per questo ...

Potremmo continuare all'infinito.

Utilizziamo i ma e però quotidianamente, senza nemmeno rendercene conto, in famiglia e nel lavoro, senza pensare minimamente a quelle che potrebbero essere le conseguenze.

Siamo talmente abituati che riportiamo questa modalità, oltre che nella forma orale anche in quella scritta, nelle lettere commerciali, in un piano di marketing, una presentazione aziendale, così come una inserzione di lavoro o una pagina dove si parla di mission e vision.

L'ordine delle parole suggestiona il pensiero

Da moltissimi anni, "gira in rete" una storiella per chiarire questo concetto.

Un novizio chiese al priore:

"Padre, posso fumare mentre prego?" e fu severamente redarguito.

Un secondo novizio chiese allo stesso priore:

"Padre, posso pregare mentre fumo?" e fu lodato per la sua devozione.

Cosa ha fatto il secondo novizio per ottenere il permesso di fumare? Ha solo invertito due verbi nella frase: fumare e pregare.

Le due domande poste dai due novizi sono composte esattamente dallo stesso contenuto.

La differenza sta nella forma, che fa passare due messaggi diversi ottenendo quindi due risposte diverse dal priore.

Due parole in ordine diverso che cambiano il significato del messaggio o, meglio, che **modificano il significato che** il priore **percepisce**, perché in realtà, a livello puramente semantico, le parole sono le stesse.

Molti puntano tutto sulla scelta delle parole giuste.
Come abbiamo visto, le parole sono importanti, è vero, ed è ancor più importante riuscire ad "incastrarle" nel giusto ordine.

Facciamo un altro esempio:

Puoi fare tutto ciò che vuoi, se hai voglia di impegnarti a sufficienza.

Quale messaggio arriva?

In questo caso la prima parte della frase, quello che in teoria dovrebbe restare nella mente, invece viene messa in discussione dalla condizione "se".

Perciò l'impegno è una *conditio sine qua non*.

Senza impegno non potrai mai ottenere nulla. E non a tutti piace impegnarsi. Molte persone preferiscono le cose semplici, che non implichino assunzione di responsabilità o sacrifici.

La mente umana è strana.

Proviamo a modificare la frase:

Se hai voglia di impegnarti a sufficienza, puoi fare tutto ciò che vuoi.

Se nel primo caso il messaggio impone un limite, in questo lo trasforma in una opportunità. Assume un aspetto motivazionale, per chi realmente vuole ottenere qualcosa.

L' ordine delle parole

suggestiona il pensiero,

e spesso, lo induce in

errore.

I particolari fanno la differenza

Immaginate di assistere ad un tamponamento dove al termine c'è stato un confronto acceso tra i due automobilisti sfociato in contusioni varie.

Immaginate di essere chiamati a testimoniare, il giudice pone la seguente domanda:

quando il sig. Giuseppe è sceso dalla macchina, lei ha notato se aveva un crick in mano?

Oppure lo stesso concetto espresso in maniera differente:

quando il sig Giuseppe è sceso dalla macchina, ha notato se aveva il crick in mano?

Apparentemente le frasi sembrano identiche, ma c'è un piccolo particolare, che fa la differenza.

Nel primo caso l'utilizzo dell'articolo indeterminativo "un crick", insinua il dubbio, l'incertezza, mentre utilizzare l'articolo determinativo "il crick", presuppone certezza del fatto.

Statisticamente utilizzando la seconda frase più del doppio delle persone dichiarerebbero di averlo visto, a differenza della prima frase.

Questo perché a seconda di come strutturiamo le frasi attiviamo nella nostra mente differenti rappresentazioni di un determinato evento al quale assistiamo.

Questo gli avvocati e poliziotti lo sanno bene.

Ma certe dinamiche possono essere usate da chiunque a prescindere dal ruolo che si ricopre o dal contesto, per persuadere, convincere, e in molti casi purtroppo, manipolare.

Se vi dicessi:

NON PENSATE AD UN DELFINO ROSA

L'inconscio rifiuta la negazione

Quanti di Voi hanno visualizzato il delfino?

Quei pochi, che hanno avuto la fortuna di vederlo, nelle acque dell'America meridionale, saltare fuori da un lago cristallino, saranno stati più agevolati.

Avrei anche potuto dire: non pensate ad un delfino con la testa da topo.

Non esiste, è vero, ma prima di rifiutare l'immagine, qualcuno l'avrà prima costruita nella propria mente.

Certo, sarebbe stato più semplice dire, non pensate ad un elefante, ad una tigre, ad un gattino, ma non è questo il punto, cambia poco.

A parte l'aspetto ludico, probabilmente eravate a conoscenza del fatto che, il nostro inconscio rifiuta la negazione?

Le frasi positive devono sempre essere costruite senza negazione.

Invece, tendiamo ad utilizzare questa forma, come rafforzativo.

Tutto ciò che viene comunicato con un "non", viene in primo luogo pensato stimolando la nostra parte incosciente, a fare proprio ciò, che viene richiesto di non fare.

Un po' come quando si dice ad un bambino di non fare una cosa, spingendolo a fare l'esatto opposto.

Riflettiamo un attimo:
quando siete seduti comodamente nella sedia del dentista, o vi stanno facendo un'iniezione, e il professorone di turno, vi dice:
"non si preoccupi non le farò male"

Automaticamente, assumiamo uno stato d'allerta, e aspettiamo rassegnati, che giunga il dolore.

<u>NON</u> SI PREOCCUPI ......

Il cervello, elimina il non, e rimane il resto della frase.

Sono regole, che valgono per tutti gli aspetti della nostra vita.

Le figure professionali che quotidianamente interagiscono con più persone sono tantissime.

Essere efficaci, persuasivi è fondamentale.

Avvocati, medici, liberi professionisti, imprenditori.
In questo contesto, voglio soffermarmi sulla figura per eccellenza ritenuta nei secoli "dotato di parlantina" ed "abile manipolatore".

Il venditore.

Oggi il ruolo del venditore è cambiato, i clienti sono cambiati, il mondo è cambiato.

Eppure, nonostante questo, ancora oggi troppi venditori nel tentativo di far capire al cliente, quanto siano fighi, e quanto il loro prodotto sia diverso dalla concorrenza, continuano a dire una serie di frasi, che ottengono, l'effetto contrario.

Proviamo a fare alcuni esempi, molte di queste frasi, continuo a sentirle, quando mi capita di uscire in affiancamento.

E questo, perché sono entrate nel mondo comune di comunicare, di tutti i giorni, a lavoro, come con gli amici.

Le frasi del "venditore"

1) non sono qui per vendere ad ogni costo;
2) questo prodotto non le darà problemi;
3) non c'è sotto nessuna fregatura;
4) non vorrei rubarle tempo;
5) non voglio forzarla;
6) vedrà che non se ne pentirà;
7) non voglio insistere;
8) non voglio dirle una bugia;
9) non voglio prenderla in giro;
10) non vorrei sembrarle il classico venditore

Abolite queste frasi dal vostro lessico …. Sono distruttive, in quanto indurrete il vostro interlocutore nel dubbio, o a pensare l'esatto contrario.

Qualcuna la userete, altre meno, in ogni caso riflettiamoci su.

Nella pagina successiva, inserite le frasi corrette.

1) ....

2) ....

3) ....

4) ....

5) ....

6) ....

7) ....

8) ....

9) ....

10) ....

Frasi corrette

Non sono qui per vendere ad ogni costo

Con questa frase, il venditore vorrebbe tranquillizzare il cliente, facendogli capire, che non gli punterà la pisola alla tempia, per costringerlo ad acquistare.
Con questa frase, ottiene l'effetto contrario.
Se proprio vogliamo esprimere questo concetto, facciamolo in modo differente.

"L'obiettivo di questa giornata, è conoscerci"

Oppure, se si è dotati di una sincera ironia, con il sorriso, si può dire "qualsiasi cosa".

"Ovviamente, sarei felice di poterla avere tra i miei clienti" .... Sorriso...... "ma senza fretta, oggi son qui per conoscerci a vicenda"

Questo prodotto non le darà problemi

Se il vostro servizio è garantito, testato, e i feedback dei consumatori sono tutti positivi, perché parlare di "problemi"?
... diamo forza al valore, mettendo da parte qualsiasi dubbio.
Mai insinuare l'eventualità. Perché potrebbe creare problemi?
La nostra intenzione, è quella di dare maggior sicurezza, ma otteniamo l'effetto contrario.

Non c'è sotto nessuna fregatura

Vale la regola di cui sopra. Perché parlare di fregatura?
Il nostro servizio/prodotto/accordo, è trasparente, chiaro, ben definito.

Non vorrei rubarle tempo

Già da solo, il verbo rubare, è da abolire a prescindere, se poi lo uniamo alla parola tempo, che è la cosa più preziosa che possa esistere, "il danno è tratto".
La ringrazio per il tempo che ha voluto dedicarmi ......

Non voglio forzarla

Vale la stessa regola, del primo esempio.
Inoltre, se a questa frase, aggiungiamo anche un bell'avversativo, peggioriamo di gran lunga la situazione.
Non voglio forzarla, però, sa, se lei firma oggi .....
Gli stiamo dimostrando che vogliamo forzare la vendita.

Vedrà che non se ne pentirà

Non sarebbe più semplice dire "vedrà che resterà soddisfatto".
Spesso ci complichiamo la vita, senza nemmeno rendercene conto.

Non voglio insistere

Vedi, non voglio forzarla.
È la stessa identica cosa.

Non voglio dirle una bugia

Evitiamolo completamente, ma se proprio vogliamo far capire al nostro cliente, che il nostro punto di forza è la sincerità, e la trasparenza, diciamolo chiaramente.
"Come mia abitudine, sarò sincero, senza inutili giri di parole"
Non suona meglio?

Non voglio prenderla in giro

Quindi è tua abitudine prendere in giro i clienti?
Possiamo usare la stessa modalità della frase precedente.

Non vorrei sembrarle il classico venditore

Se vogliamo far capire al cliente di essere differenti, dimostriamolo, con i fatti, non con le parole.

La negazione è subdola, perversa, e ci induce troppe volte in errore.

Il potere della negazione è subdolo, insinua, mette in dubbio e lascia tracce invisibili sugli effetti della nostra comunicazione.

Proviamo a fare qualche esempio di effetti "invisibili".
Abbiamo parlato di insinuare il dubbio.

Pensate ad esempio ad un politico, o un venditore, che "non vogliono" sminuire la concorrenza ed allora si lasciano andare ad affermazioni del genere:

- Non voglio dire che il mio avversario/competitor, sia disonesto
- Certamente Il mio concorrente non è il più caro
- Non voglio parlare della vita privata del mio avversario politico

Questi accostamenti portano ad inevitabili associazioni di idee:

avversario = disonesto / vita privata poco etica
competitor = caro

Per quanto riguarda "l'arte" di insinuare il dubbio, il giornalismo in questo fa scuola, con le varie smentite il giorno dopo. Intanto il tarlo è stato inserito nelle nostre menti.
Ma ritorniamo alle nostre negazioni.

Immaginate un allenatore che segue il proprio allievo, un maratoneta, un nuotatore o qualsiasi altra categoria, l'esempio calza per chiunque, abbia una sfida importante da portare a termine.

Frasi del tipo:
- Non mollare
- Non cedere
- Non cadere

Le frasi, come abbiamo già detto vanno sempre costruite in positivo, perché è li, che andrà la nostra mente.
E se pensiamo a mollare, cedere, cadere, questo avverrà, molto probabilmente.

È molto più efficace utilizzare affermazioni come resisti, continua così.
Come se a chi soffre di vertigini e non solo, dicessimo, trovandosi sopra un dirupo: <<non guardare sotto>>.

State pur certi che sarà la prima cosa che farà.

Per chiudere il discorso legato al potere "invisibile" della negazione, faccio l'ultimo esempio.

Nel 2016, la squadra italiana di calcio venne ricevuta dal Pontefice che nel salutarli, come augurio disse:
Vi benedico, **non tornate sconfitti.**

A parte gli inevitabili scongiuri che sono certo abbiano fatto tutti i giocatori, la frase fu propiziatoria.
Da sportivo, sono certo che se anche l'avesse formulata in maniera più efficace, il risultato non sarebbe cambiato.
Da "amante della comunicazione", è doveroso soffermarmi sulla forma.

Sicuramente sarebbe stato più motivante dire:
Vi benedico, tornate vincitori

Oppure:
Vi benedico, fatevi valere

Le parole sono importanti.

Sequenze che stimolano il pensiero e l'azione

La comunicazione è alla base del marketing, puoi essere bravissimo nel destreggiarti con strumenti digitali, costruire siti o landing page bellissime graficamente, ma se sbagli la forma ed il contenuto il lavoro risulta vano.

Non basta essere degli eccellenti tecnici ed è questo il motivo per il quale anche molte aziende che si occupano di "marketing" sbagliano e non riescono a colpire nel segno.

Il marketing deve andare di pari passo con il copywriting, ovvero la capacità di creare contenuti efficaci, che arrivino a destinazione.

La stessa regola vale per il recruiting.

Per far questo il primo passo è sicuramente quello di comprendere il target, e solo dopo pianificare una strategia di comunicazione efficace.

Gli strumenti sono il mezzo.

Pensa come un pesce

Conosci i tuoi clienti, sai cosa fanno e come trovarli?

Queste sono solo alcune domande che ti devi porre quando pensi al tuo target.

Idem per quanto riguarda il candidato ideale.

Probabilmente avrai già sentito la frase "pensa come un pesce", così come è probabile che non sia andato a cercare in rete da dove nasce questa affermazione, che da anni gira per le aule di formazione.

Può la storia di un pescatore di Long Island insegnarci le basi del marketing?

La risposta è sì, pertanto se non conosci la sua storia, ti invito a leggere e soprattutto riflettere con molta attenzione.

New York, più precisamente Long Island, una delle zone più pescose al mondo.

In un'area situata al largo della costa occidentale chiamata Montauk Point, dove i pesci migrano a sud nei mesi freddi, e a nord in quelli caldi.

Quindi un passaggio continuo; pesci piccoli che attirano pesci medi, che a loro volta attirano quelli più grandi.
Ce n'è per tutti i gusti.

Ecco perché tutti i pescatori, professionisti e sportivi, affollano la zona per la loro attività di pesca.

Si possono notare vari tipi di imbarcazioni, dai comuni pescherecci commerciali alle navi oceaniche, ognuno con la propria dotazione di bordo.

Reti a strascico, palamiti, sino alle più moderne strumentazioni con migliaia di ami trascinati per intere miglia, per accaparrarsi il bottino più grosso.

Tra tutti i pescatori leggendari che risiedevano in quella zona, uno su tutti, lasciava esterrefatti gli altri, per la mole del pescato ma soprattutto per le modalità di pesca.

Il capitano John Rade.

A lui non interessano le grandi reti o sofisticate apparecchiature, possiamo affermare che il suo stile è differente.

Infatti, lì in mezzo al mare c'è lui, la sua barchetta e la sua "semplice" canna da pesca a mulinello.

Insomma, quello che molti potrebbero definire, il pescatore della domenica.

Invece John rade è una vera leggenda, in quanto riesce costantemente a superare tutti i suoi "concorrenti", portando a casa quantità di pesce superiori rispetto a tutti gli altri.

Ma come è possibile tutto questo?

Lo specchio di mare è lo stesso e la sua strumentazione è di gran lunga inferiore rispetto a tutti gli altri pescatori.

Si sa che tra i pescatori c'è una grandissima concorrenza e difficilmente si elogia un "avversario", invece le gesta del capitano rade erano apprezzate da tutti, a tal punto che la sua storia incuriosì un quotidiano locale, l'East Hampton Star, che pubblicò un articolo intitolato "John rade, maestro di canna e mulinello".

In questa intervista il giornalista gli domando:

"come fai John, questa è una impresa incredibile che tu ripeti giorno dopo giorno"

Dopo averci pensato un momento John rispose con poche semplici parole:

"io non penso come un pescatore, penso come un pesce"

Ma cosa significa pensare come un pesce?

"Quando la maggior parte dei pescatori va in mare per pescare ragiona come un pescatore, quando io vado a pescare penso come un pesce"

Lo stesso concetto espresso da John rade lo possiamo applicare alla vendita ed in questo caso anche alla ricerca e selezione del personale.
Quanto pensi come recruiter e quanto poco come se fossi il tuo candidato ideale?

John rade ti direbbe che in un negozio di esche i pescatori fanno a gara per comprare accessori strani e divertenti, come esche colorate e piumate ed altre cavolate **creati ad hoc per catturare i pescatori, non certi i pesci.**

È chiara la differenza?

Lui non perde tempo e soldi in queste cose che non lo agevolano nel suo lavoro, ma tendono a gratificare l'ego di alcuni pescatori e le tasche dei commercianti di esche.

Sin da bambino John ha dedicato la sua vita per studiare a fondo le sue prede.

Come si svolge la loro vita, cosa mangiano, quale tipo di cibo prediligono, dove preferiscono trascorrere il tempo anche in base ai cambi di stagione, perché tendono a morsicare l'esca ma non abboccare, cosa fanno e quali abitudini hanno i pesci dei quali loro si nutrono.

E tra le cose che studia di più c'è l'ambiente, ovvero il mare.

Chi ha letto il mio libro "una nave chiamata azienda", sa quanto ami le analogie e le metafore tra il mondo marino e quello aziendale.

Qui stiamo parlano di mercato, di target e di strategie.

Imparando a pensare come un pesce, sarai in grado di calarti nei panni del tuo interlocutore, che sia cliente o candidato, ma soprattutto saprai dove si trova, cosa desidera e come catturarlo.

Stimolare il cervello all'azione

Ethos, pathos, Logos, ciò che Aristotele nel 329 a.C., definiva come 3 pilastri fondamentali della comunicazione.

Tre elementi, variabili, che permettono ad un messaggio di essere efficace.

L'Ethos, la capacità da parte di chi comunica di trasmettere fiducia ed essere credibile.

Il Pathos, il coinvolgimento da parte di chi riceve il messaggio, attraverso l'aspetto emotivo.

Il Logos, la parte razionale, logica, rappresentata dai contenuti di un discorso, come sequenza finale persuasiva.

Tre elementi collegati uno all'altro che non dovrebbero mai mancare in un messaggio.

Fiducia, emozioni, logica, i 3 elementi che abbiamo avuto modo in precedenza di prendere in esame, parlando dei tre cervelli.

Possiamo comunicare con le parole, con le immagini o con i suoni, in base agli strumenti o alle modalità che utilizziamo per trasmettere il nostro messaggio, ma non possiamo fare a meno di stimolare le tre aree del nostro cervello.

Il cervello rettile è il primo che dobbiamo convincere, il più antico e pertanto rapido nel processo decisionale.

Se la prima impressione non è positiva, in seguito sarà più dura riuscire a stimolare emozioni o persuadere chi non è convinto che chi c'è dall'altra parte sia meritevole di fiducia e pertanto credibile.

La parte limbica del nostro cervello per emozionarsi ha bisogno di farsi trasportare, attraverso storie, racconti, immagini e qualsiasi cosa in grado di suggestionarlo profondamente.

Infine, la parte razionale per chiudere la sequenza comunicativa, ha bisogno di un invito all'azione, o come la chiamano gli esperti di marketing, una **call to action**.

Per comprendere meglio questi tre passaggi, proviamo a realizzare un vero percorso che ci guidi verso il risultato finale.

SCHEMA DECISIONALE

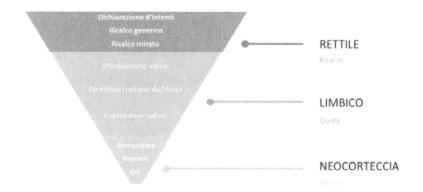

Rettile

Partiamo proprio dalla fiducia, la cosa più difficile da riuscire ad ottenete. Attraverso un percorso di guida, riusciamo a portare il nostro utente ad effettuare un'azione, che sia un acquisto o l'invio della candidatura.

La comunicazione si basa su due livelli differenti: la struttura superficiale e quella profonda; quello che diciamo e quello che realmente vorremmo dire.

La parte conscia e quella inconscia.

Per poter arrivare a "bersaglio" nel cuore delle persone è fondamentale "lavorare" sulla struttura profonda.

Pertanto, se vogliamo che il messaggio passi a livello inconscio, risulta fondamentale, focalizzarci a livello sensoriale.

Lo schema decisionale mostra una sequenza di azioni e/o stimolazioni che inducono il nostro pensiero, guidandolo verso un risultato indotto, preciso.

Prendendo spunto da una delle tecniche più note della programmazione neuro linguistica, il **ricalco e guida.**

Uno dei principi tanto importanti quanto semplici, alla base della comunicazione.

Il termine ricalco, come definisce la parola stessa, indica la capacità da parte di chi comunica di "entrare nel mondo" di chi parla, attraverso una serie di comportamenti che vengono definiti **rispecchiamento** o dall'inglese mirroring.

Alla base c'è un concetto fondamentale, chi riceve il messaggio deve sentirsi compreso e capire che dall'altra parte c'è qualcuno che sa quello che lui pensa e prova, o ha vissuto.

Insomma, uno che parla la sua stessa lingua.

Nella comunicazione scritta non c'è la possibilità di poter rispecchiare il linguaggio del corpo o il paraverbale, pertanto dobbiamo avvalerci del potere delle parole e della loro struttura.

La guida è un termine che indica la capacità di "guidare" il nostro interlocutore verso una direzione precisa.

Una volta che la persona si fida, sarà molto più semplice mostrargli la strada.

Nel processo di ricalco e guida entra in gioco un altro elemento, ovvero la calibrazione, la capacità di adattare il nostro linguaggio in base ai cambiamenti e comportamenti del nostro interlocutore.

Per questo motivo non basta conoscere il nostro target, ma è fondamentale monitorare costantemente il mercato, le abitudini e le esigenze.

Conoscere i comportamenti del nostro interlocutore e soprattutto cosa è importante per lui, ci permette nel passaggio successivo di stimolare la parte emotiva del cervello attraverso l'emergere dei valori.

Nel momento in cui una persona si fida di noi e capisce che anche noi comprendiamo quello che prova, persuaderlo e guidarlo verso una scelta consapevole sarà una **conseguenza logica.**

Ma attenzione, se non abbiamo fatto alla perfezione i primi due passaggi, sarà proprio la logica a giocarci un brutto scherzo.

Ricalco

L'inizio di una conversazione, di un messaggio sul quale si basa la nostra strategia di **attraction**, deve avere come abbiamo già detto l'obiettivo di generare fiducia.

Come fare nel pratico?

Ricalco generico

Per ricalco generico s'intende la costruzione di frasi che rivelano qualcosa di ovvio a volte scontato, nelle quali la maggior parte delle persone si ritrova.
È un messaggio appunto generico, non targettizzato che abbraccia una fascia molto ampia.

Se vendessi prodotti dietetici potrei usare frasi come ad esempio "la dieta inizia il lunedì", oppure "la prova costume è alle porte".

Se invece mi dovessi rivolgere a chi si trova alla ricerca di lavoro, potrei usare una frase come "trovare lavoro è diventato un lavoro"

Ricalco mirato

Il ricalco mirato invece punta dritto ad un target ben definito. Immaginiamo che stia sempre vendendo prodotti dietetici ed il mio target siano uomini e donne che svolgono attività sedentarie, manager o impiegati, che trascorrono il loro tempo prevalentemente seduti.

In quel caso devo trovare un messaggio che colpisca nel segno, come ad esempio "Il lavoro sedentario accumula le calorie ed il tempo non è mai abbastanza per iniziare una dieta".
Se invece la mia offerta di lavoro è rivolta alle donne, dovrò trovare una frase nella quale si possano rispecchiare.
E considerando che per la legge sulle pari opportunità non è possibile pubblicare una inserzione di lavoro discriminando un sesso rispetto all'altro, dovrò **dirlo senza dire, facendo capire**.
 Pensate a tutti quei messaggi che si leggono online, dove networker di ogni genere si rivolgono a mamme che svolgendo questa attività, potrebbero conciliare famiglia e lavoro.
Certo, offerte del genere non le vedremo mai su un qualsiasi portale di ricerca lavoro, sia per un discorso di budget, quanto per il fatto che essendo troppo dirette andrebbero incontro ad una violazione normativa.

Ma se proprio dovessi dire senza dire, potrei usare una frase come ad esempio "conciliare il ruolo di genitore ed il lavoro, è sempre più difficile".

Dichiarazione d'intenti

Nel sito di ogni azienda attenta ai trend di mercato e alle leggi del marketing, non può mancare una dichiarazione di intenti, o più comunemente **vision**.
Molti la utilizzano come slogan e solo pochi riescono a mantenere quel che promettono, e soprattutto trasmetterlo in maniera efficace.

Il termine vision indica un "ponte sul futuro", ovvero una proiezione a medio lungo termine dello scenario in cui l'azienda intende operare.

L'aspetto fondamentale della è che deve essere direttamente connessa agli obiettivi, ai valori e alle aspettative del management.

Ed in questo le persone si devono ritrovare.

Oggi si predilige un'azienda rispetto ad un'altra per ciò che è in grado di trasmettere a livello emozionale.

La vision viene spesso accompagnata dalla mission, l'aspetto più pragmatico, ovvero il modo attraverso il quale l'azienda intende realizzare la propria vision, qui ed ora, nel presente.

In rete è possibile trovare tantissimi esempi di vision e mission dalle più famose a quello meno conosciute.

In questo contesto ho scelto un'azienda giusto per evidenziare la differenza che passa tra il concetto di vision e quello di mission.

VISION NIKE: Portare **ispirazione e innovazione** a ogni atleta nel mondo.

MISSION NIKE: Creare innovazioni nello sport, rendere i nostri **prodotti sostenibili,** costruire team creativi e globali, avere un impatto positivo nelle comunità dove viviamo e lavoriamo.

Mi piace evidenziare un altro aspetto che ci può aiutare a comprendere meglio il concetto di target.

Andando a visitare il sito della Coca cola, nella pagina: https://www.coca-colaitalia.it/principi/missione-valori, è possibile notare come esistano varie visioni a seconda del target di riferimento.

La nostra Visione

La nostra Visione è il quadro di riferimento della nostra tabella di marcia. Guida ogni aspetto della nostra attività, delineando le azioni necessarie a proseguire una crescita sostenibile e di qualità.

Persone: *essere un luogo di lavoro ideale, dove le persone sono ispirate a dare il meglio.*

Portfolio: *offrire bevande di qualità, che anticipano e soddisfano i desideri e le esigenze delle persone.*

Partner: *alimentare una rete vincente di clienti e fornitori e creare insieme valore reciproco e duraturo.*

Pianeta: *essere un cittadino responsabile che fa la differenza aiutando a costruire e a supportare comunità sostenibili.*

Profitto: *massimizzare il rendimento a lungo termine per gli azionisti nella consapevolezza delle nostre responsabilità globali.*

Produttività: *essere un'organizzazione efficace, snella e dinamica*

Entrando più nello specifico, se sono alla ricerca di talenti ambiziosi, che desiderino crescere in una struttura giovane e dinamica, sarà proprio quello che dovrà far emergere, ma stando ben attento a non essere banale e fare dei brutti copia incolla di frasi fatte da cioccolatini.

"siamo un'azienda dinamica, proiettata nel futuro, far parte del nostro team significa condividere i nostri valori e crescere insieme"

Questo è solo un esempio per far capire come far emergere delle caratteristiche o attitudini che possano essere comprese da chi sta cercando esattamente quegli aspetti in una azienda o un posto di lavoro.

Per costruire una frase efficace bisogna prendersi tutto il tempo necessario, avere ben chiaro il target, i bisogni, e solo dopo costruire la struttura di una frase, semplice e d'impatto.

Limbico

Una volta acquisita la fiducia del nostro interlocutore ed ottenuto la sua attenzione, passiamo alla fase successiva, la guida, e lo possiamo fare attraverso 3 modalità:

Stimolazione valori

Così come nel caso del ricalco generico, esistono dei valori definiti universali ai quali ogni essere umano ambisce.

Pensiamo alla salute, al benessere o alla realizzazione personale o professionale.

Ciò che cambia è il modo nel quale siamo in grado di farli emergere ed al contempo stimolarli.

Una volta "stimolato" il cervello rettile, il passo successivo potrebbe essere proprio quello di interagire con la parte limbica attraverso la stimolazione di alcuni valori.
Ovviamente più informazioni abbiamo sul nostro target più saremo in grado di strutturare il nostro messaggio.

RETTILE	LIMBICO
"La prova costume è alle porte"	Vivi con serenità la tua estate
"Trovare lavoro è diventato un lavoro"	La nostra azienda ha a cuore il benessere dei propri collaboratori
Conciliare il ruolo di genitore ed il lavoro, è sempre più difficile".	Con "beverone dei beveroni" può diventare realtà, finalmente puoi essere te stessa nel calore della tua casa

Prendendo come spunto di riflessione alcune delle frasi scritte in precedenza, priviamo a dare un senso di continuità.

Direzione lontano da / Verso

Chi ha partecipato a qualche corso di PNL, o letto qualche libro, molto probabilmente, avrà sentito parlare di direzione verso, o lontano da.

Senza dilungarci troppo su questo argomento, concentriamoci sui 2 aspetti, ovvero quando decidiamo di fare, o non fare qualcosa, abbiamo due possibilità.

Inseguire il piacere (verso), o "scappare" dal dolore (lontano da).

Spesso il dolore ha una spinta decisamente maggiore rispetto al piacere.

Può sembrare assurdo, ma è così.

Sappiamo esattamente ciò che non vogliamo, e passiamo il tempo nel cercare di evitarlo.

Le nostre energie, il nostro tempo, sono focalizzate in questo. Ed immancabilmente capita, di cascarci dentro.

Sarebbe più semplice, sapere esattamente quello che si desidera, ed inseguirlo.

Chi ha successo, ragiona così.

Quando procrastiniamo sconsideratamente qualcosa, è perché la sensazione che leghiamo a quell'azione, è negativa, e ci crea disagio.

Un cliente da gestire, che ha avuto problemi, quella telefonata da fare che non si ha voglia, quella visita medica, e potremmo continuare per ore.

E quando decidiamo di agire?

Quando restare fermi o non farla, causerebbe un danno maggiore. Una lettera da parte dell'avvocato del cliente, perdere un amico, una malattia.

Per fare due esempi con i quali buona parte delle persone combattono: smettere di fumare, e dimagrire.

Da una parte la rinuncia, il "piacere" della sigaretta, del momento di relax, quella sensazione "presunta" di staccare la spina, e dall'altra, il benessere, la salute, il risparmio economico.

Da una parte la rinuncia, a tutte quelle pietanze che ci piacciono, i momenti di convivio, le feste, e dall'altra la salute, il fare le scale senza ansimare, i vestiti che non stringono, un aspetto più gradevole, ed una maggiore autostima.

Le leve del piacere e del dolore, da sempre vengono utilizzate nella vendita.

A volte in maniera inconscia, altre in maniera ragionata, e in alcuni casi poco etica.

Pensate agli assicuratori, che per vendere una polizza vita, invece che spingere su fattori positivi, come ad esempio, la tranquillità, la serenità, la sicurezza, la garanzia di un patrimonio, la copertura sanitaria, spingono sulla paura della morte, della perdita, dell'incertezza.

È sempre una questione di emozioni. Spetta a te capire, su quali agire.

Spesso le due direzioni vengono messe a confronto con ciò che viene definito **contrasto percettivo** o emotivo.

Non solo piacere e dolore, ma gioia e tristezza, stanchezza e relax, fame sazietà.

Un esempio?

Immaginiamo il candidato che "impazzisce" tutto il giorno tra decine di siti di inserzioni senza trovare quello che cerca.

"Stanco di **perdere tempo** tra decine di siti di lavoro? trova la **serenità** grazie ai nostri servizi"

"terrorizzato dalla prova costume? Ritrova la forma perfetta grazie a ... "

Ma ricordiamoci, come abbiamo visto in precedenza l'importanza di strutturare il messaggio in maniera efficace, perciò per prima cosa mettiamo in evidenza la leva del dolore e solo dopo la leva del piacere in modo che sia ciò che resta nella mente.

Storielle

C'erano una volta le storielle, oggi gli esperti parlano di **storytelling**, ovvero la capacità di raccontare storie, come strategia di comunicazione persuasiva.

Il bambino che c'è in noi ama ancora sentirsi raccontare le favole e si emoziona leggendo, anche se non lo dà a vedere, il messaggio arriva a livello inconscio ed il risultato è garantito.

L' aspetto principale della storia che si racconta, è che deve essere coerente con gli elementi caratteristici del brand, e come ho detto più volte, anche in questo caso la differenza la fanno i piccoli particolari.

Per catturare l'attenzione e l'interesse del nostro target è fondamentale farlo "immergere" in un viaggio sensoriale, stimolando i 5 sensi.

Attenzione però a non dilungarci troppo, riempendo la nostra storia di troppi elementi narrativi, privi di efficacia.

Neocorteccia

Dopo aver conquistato la fiducia del nostro interlocutore ed esser riusciti a fargli percepire i nostri valori facendolo rispecchiare in essi, o stimolandolo a livello emotivo, è giunto il momento di accompagnarlo verso la scelta finale.

L'azione.

Tra le modalità più efficaci per indurre l'azione, mi voglio soffermare su tre in particolare:

Domandare

Chissà quante volte avrai sentito la frase "chi domanda comanda".
Considerando le varie analogie tra la vendita, il marketing ed il recruiting, sono tutte fasi di negoziazione, dove entrambe le parti devono ottenere un beneficio. Non c'è chi vince o chi perde, si vince insieme.

Perciò dimentichiamo quella frase e focalizziamo la nostra attenzione su un elemento che fa la differenza.

Chi comprende vende, e per comprendere devi domandare.

Il modo nel quale si pone una domanda, può influenzare la risposta del nostro interlocutore.

Solitamente le domande possono essere suddivise in:

Domande Chiarificatrici

Le domande chiarificatrici sono utilizzate per verificare l'esatta comprensione, di quanto detto dal cliente, e per dimostrare di aver compreso le sue esigenze.

Domande di Sviluppo

Le domande di sviluppo, solitamente vengono poste subito dopo una domanda chiarificatrice, e vengono utilizzate per ottenere maggiori informazioni rispetto a quanto detto.

Domande di Opinione

Le domande di opinione, ci permettono di comprendere quanto il cliente stia seguendo lo sviluppo della trattativa, o come dicono quelli bravi, quanto sia sul pezzo.
Oltre che per conoscere un'opinione, rispetto un determinato argomento, possono essere utilizzate, per prolungare una trattativa e cercare di creare rapport, quando ci si rende conto di trovarsi davanti ad un cliente chiuso.

In questo caso l'arte di domandare ha l'obiettivo di portare il nostro interlocutore ad una azione.

Sarà quella la sua risposta, se abbiamo fatto la domanda giusta.

Perciò parliamo di **domande che inducono all'azione**.

Questa modalità non può restare fine a sé stessa ma deve **sempre** essere seguita da un invito all'azione preciso e spesso perentorio.

TROVARE LAVORO E' DIVENTATO UN LAVORO

LA NOSTRA AZIENDA HA A CUORE IL BENESSERE DEI SUOI COLLABORATORI

RITIENI DI AVERE I REQUISITI PER FAR PARTE DEL NOSTRO TEAM ? INVIA LA TUA CANDIDATURA

I numeri

Uno degli elementi che maggiormente attira la neocorteccia, sono i dati. Le statistiche, le percentuali, i numeri in generale.

Naturalmente il cervello acquisisce ed avvalora queste informazioni, se è stato "convinto" dagli altri 2 "passaggi cerebrali", altrimenti la logica razionale, può trasformarsi in una scelta d'impulso irrazionale.

Pensate a chi attento alla linea si trova a scegliere tra uno yogurt tradizionale ed uno con una scritta bella grossa 0,1% di grassi. La scelta è scontata.

Oppure quante volte avete letto frasi del tipo "il 75% delle persone che ha partecipato ai nostri corsi, ha subito trovato lavoro".

Anche in questo caso, come nel precedente, ai dati "logici" deve sempre seguire un invito all'azione.

Go/call to action

Compra ora, iscriviti alla nostra newsletter, scopri di più.
Queste sono alcune delle call to action, nelle quali ci imbattiamo quotidianamente.

L'aspetto positivo sta nel fatto che spesso compiamo una azione in automatico proprio per abitudine.

Ma come ogni cosa, c'è sempre il risvolto della medaglia, ovvero il fatto che in questo modo i nostri testi, le nostre strategie rischiano di risultare un copia ed incolla di quelle di tanti altri.

La call to action (CTA) risulta il primo vero punto di contatto con il nostro utente, cliente o candidato, per questo motivo più siamo in grado di differenziarci e colpire la sua attenzione, maggiori saranno le opportunità che il nostro obiettivo arrivi a destinazione.

Le CTA oltre che per vendere vengono utilizzate per portare un utente ad iscriversi ad una newsletter, per generare lead, per lasciare una recensione, per condividere un contenuto sui social, o per candidarsi ad una offerta di lavoro.

La CTA, è l'azione che tecnicamente conduce l'utente alla conversione.

Ovvero se sto vendendo un prodotto la CTA porterà il potenziale cliente alla pagina d'acquisto e quella sarà l'azione finale, la conversione, da potenziale cliente a cliente attivo.

Nel caso del recruiting, una CTA come "fai la scelta giusta, entra nel nostro team", conduce il candidato ad inserire i propri dati, o allegare il cv, inviare una mail.

Possiamo usare le sequenze viste sino ad ora, in un post, una e-mail, una descrizione della pagina del sito.
Può cambiare lo strumento, mai le modalità per essere incisivi.

Vediamo un breve riassunto.

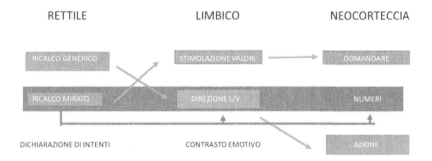

Come si evince dall'immagine, possiamo collegare:

ricalco generico + direzione l/v + azione

ricalco mirato + direzione l/v + numeri

ricalco mirato + stimolazione valori + domandare

Ma sono solo alcuni esempi, infatti come possiamo notare nell'immagine successiva, è possibile creare sequenze con qualsiasi tipologia, l'importante rispettare i 3 passaggi:

rettile – limbico - neocorteccia

NON CERCARE, FATTI TROVARE

Oggi il compito dei selezionatori è quello di reclutare "cervelli" e talenti, in grado di competere adesso ma soprattutto in un futuro, basato oltre che di prodotti, di conoscenze digitali.

Le persone devono desiderare lavorare per te, non devono cercare "semplicemente" un posto di lavoro.

A costo di sembrare ripetitivo, voglio ribadire il concetto che oggi difficilmente si trovano informazioni o concetti rivoluzionari, che non abbiano delle basi storiche.

Tutto si trasforma e si modella in base al contesto.

Infatti, ciò che ha "rivoluzionato" il mondo del marketing, il Funnel, che avremo modo di approfondire a breve, altro non è che una evoluzione della più antica tecnica di marketing.

L'AIDA, che venne presentata per la prima volta nell'anno 1898 da Elias St. Elmo Lewis, e dopo negli anni Venti da E.K. Strong, per poi divenire popolare a partire dagli anni sessanta.

- **A**SPETTATIVA
- **I**NTERESSE
- **D**ESIDERIO
- **A**ZIONE

Catturare l'attenzione dell'interlocutore, questo è sicuramente il primo passo.

Come abbiamo visto ormai più volte in altre circostanze analoghe, se non siamo grado di far questo, è impossibile passare allo step successivo.

Interesse: questa è la seconda fase, è il momento in cui creare una situazione in cui il cliente si interessi al prodotto, o a ciò che stiamo proponendo.
Dobbiamo essere in grado di suscitare il suo interesse facendo leva sui bisogni, mettendo da parte le caratteristiche del prodotto/servizio.

L'elemento che ci permette di fare questo è la connessione tra bisogni e vantaggi del prodotto, in modo da **far emergere i benefici.**

Nota bene: per poter far leva sui benefici è fondamentale conoscere il proprio target e in che modo si è in grado di risolvere un determinato problema, altrimenti rischiamo di parlare solo di vantaggi, e non è detto che un vantaggio che per me si trasforma in beneficio, possa esserlo anche per te. Siamo tutti diversi.

Il metodo CVB

Le caratteristiche spiegano e supportano, i benefici "spingono" la vendita

Spesso si fa confusione, tra cosa sia un vantaggio ed un beneficio, e si tende ad accomunarli tra loro, come una unica cosa.

Le caratteristiche ed i vantaggi, sono legati al prodotto/servizio, mentre i benefici, si rivolgono in maniera univoca e specifica al singolo cliente.

Il vantaggio, è soggettivo, può trasformarsi in beneficio, ma la cosa da tenere bene a mente, è che un vantaggio può essere un beneficio per un cliente, mentre per un altro no, ed allontanare la vendita. È qualcosa di strettamente personale, e di conseguenza, diventa oggettivo, per il singolo.

Ecco perché comprendere a fondo le esigenze del cliente, risulta fondamentale, onde evitare di commettere questo errore, fatale.

- **Caratteristiche**

Riguardano tutti gli aspetti tecnici, e le proprietà del prodotto/servizio.

Rispondono alla domanda: **Cosa?**

- **Vantaggi**

Per vantaggio ci riferiamo al modo in cui quella determinata caratteristica diventa funzionale.

Le caratteristiche in azione: mostrano come il prodotto o servizio viene messo all'opera.

Risponde alla domanda: **Come?**

- **Benefici**

Per beneficio, intendiamo l'utilità che ogni individuo può trarre da quel prodotto/servizio (caratteristiche + vantaggi)

Rispondono alla domanda: **Perché?**

Perché il nostro prodotto/servizio, aiuta il cliente?

In che modo può cambiare o migliorare la sua vita?

La leva motivazionale più forte, rispetto alla rigidità, o freddezza, delle prime due leve.

È il beneficio, che trasforma la tua proposta commerciale, in un contratto.

Caratteristiche e i vantaggi, supportano e costruiscono, il beneficio vende.

I benefici possono agire su una serie di bisogni, espressi o nascosti.

La bravura del venditore sta nel farli emergere, condividerli, e stimolare l'azione d'acquisto.

TABELLA CVB

PRODOTTO	CARATTERISTICA	VANTAGGIO	BENEFICIO
AUTO	Motore 2.9 V6	Da 0 a 100 in 4 secondi	Rapidità negli spostamenti
CYCLETTE	Richiudibile in lega leggera	Praticità d'uso	Spazi in ordine
COMPUTER	Processore 4.40 GHz	Velocità	Risparmio tempo
INFISSO	Isolamento acustico, triplo vetro	Riduzione rumore	Momenti di relax

Lo schema evidenzia 4 diverse tipologie di prodotti con relativa caratteristica, vantaggio, ed un "beneficio".

Tratto da: "I 3 livelli della vendita, dal primo contatto alla fidelizzazione del cliente"

Desiderio: è il momento di far vivere l'esperienza al cliente.

Ricordate quando abbiamo parlato di stimolazione?

Spesso i concetti ritornano, sotto altre vesti, e con strumenti differenti, ma se impariamo ad applicare le sequenze di pensiero e di azione, e se conosciamo il nostro target, il resto viene da sé.

Dobbiamo essere in grado di far vivere al cliente o al nostro utente una esperienza, mostrando chiaramente come potrebbe migliorare la sua vita dopo l'acquisto del prodotto, suscitando il desiderio di possedere (o far parte di) ciò che stiamo vendendo. Se non si desidera qualcosa, non si compra o non si sceglie.

Dovendo fare una analogia con la ricerca e selezione del personale, parleremo di desiderio di lavorare per una determinata azienda rispetto ad un'altra.

E come abbiamo già visto, c'è una bella differenza tra trovare un posto di lavoro e desiderare di voler lavorare per una determinata azienda.

L' azione è la fase finale di questo percorso, la conseguenza delle tre precedenti.

È il momento in cui l'utente decide.

RECRUITING FUNNEL

Immagina di essere un venditore dell'azienda X, con un posizionamento e una brand reputation inesistenti.

A stento avete un sito internet, però vi definite azienda leader. Per te sarà dura proporre il tuo prodotto/servizio ad un cliente potenziale, che non ti conosce e non ha richiesto la tua visita.

La differenza tra la tentata vendita e la vendita su segnalazione con lead qualificati e già profilati, che sono pertanto interessati al tuo prodotto/servizio.

Non è la stessa cosa.

Gli stessi concetti come abbiamo già avuto modo di vedere sono applicabili alla ricerca e selezione del personale.

L'inbound marketing focalizza l'attenzione sull'essere trovati, contrapponendosi all'outbound marketing che punta su azioni dirette senza tener conto nella maggior parte dei casi del target di riferimento.

In marketing si parla tanto di Funnel, in italiano imbuto, ma diciamocelo, in questo caso preferisco il termine inglese.

Il processo che va dal generare contatti sino all'acquisizione, passando per la conversione.

Genericamente nel Marketing le azioni hanno l'obiettivo di portare ad una vendita, nel recruiting all'assunzione.

In precedenza, abbiamo visto le analogie con la "vecchia" tecnica dell'A.I.D.A., ma entrando più nello specifico, nonostante il Funnel faccia parte della "rivoluzione digitale", storicamente deve i natali a John Dewey, che lo introdusse nel lontano 1910.

Il Funnel è uno strumento flessibile e plasmabile in base alle diverse esigenze, ma il suo punto di forza è sicuramente dato dalla possibilità di estrapolare ed analizzare i dati, ovvero la **misurabilità**.

Facciamo alcuni esempi.

Molte aziende ancora oggi investono gran parte del loro budget in attività promozionali che non permettono un riscontro tangibile, ciò che viene definito ROI (return on investiment).

Volantinaggio, affissioni, carta stampata, ma spesso anche tv e radio.

Se nella specifica campagna non inserisco un coupon, un codice sconto, come posso fare per comprendere quante persone ho raggiunto, quante persone sono arrivate in negozio/azienda per acquistare grazie alla specifica campagna?

L'assenza di dati, rende difficile comprendere come eventualmente modificare la strategia o quale sia maggiormente efficace, in base all'investimento.

Certo, potrei chiedere ad ogni cliente dove ha sentito parlare di noi ed inserirlo in una scheda e poi analizzare tutti i dati, ma quanti lo farebbero, quanti avrebbero il tempo?

Il Funnel, ci permette di fare tutto questo in maniera automatica.

Se l'obiettivo del Funnel Marketing è quello di attirare nella parte iniziale più potenziali clienti possibili, per poi convertirli in quella finale, il recruiting ha lo scopo di attirare il maggior numero possibile di candidati per poi trasformarli in candidati idonei a ricoprire uno specifico ruolo.

L'immagine dell'imbuto è come una sorta di filtro, una scrematura automatica, che non dovremo più fare manualmente, ma avverrà in maniera automatica.

Il numero dei contatti che entra nella parte alta difficilmente corrisponderà a quella finale, nella vendita come nel recruiting, molti abbandoneranno il percorso di conversione in autonomia.

Conoscere bene il proprio target, ci permette di costruire un percorso ed una sequenza di azioni che hanno lo scopo di ridurre al massimo la percentuale di abbandoni dalla fase iniziale a quella finale.

Il processo di **inbound recruiting** o **recruiting funnel** è composto da quattro fasi:

- **Attrarre** visitatori sulla pagina desiderata;
- **Convertire** i visitatori in candidati;
- **Selezionare** quelli maggiormente linea con i ruoli ricercati;
- **Fidelizzarli** per trasformarli in Brand Ambassador interni

Da cliente interno a Brand Ambassador

"Esiste solo un capo supremo: il cliente. Il cliente può licenziare tutti nell'azienda, dal presidente in giù, semplicemente spendendo i suoi soldi da un'altra parte."

SAM WALTON
Fondatore della catena Wal-Mart

Solitamente il concetto di cliente viene associato al nostro cliente esterno, quello che acquista il nostro prodotto/servizio.

Grazie al passaparola genera nuovi contatti, contribuendo alla reputazione della nostra azienda, sia in positivo che in negativo.

Con il passare degli anni grazie anche al diffondersi della formazione manageriale, di concetti come valorizzazione delle risorse, motivazione, incentivi, si è capito quanto sia importante il cliente interno, il nostro collaboratore.

Oggi con la digitalizzazione ancora di più.

La qualità deve essere un concetto da legare oltre che al cliente finale, a tutta la filiera produttiva interna.

Questo agevola oltre che la produttività e il benessere lavorativo, la comunicazione interna ed esterna.

Attrarre i migliori talenti non basta se poi non siamo in grado di motivarli e trattenerli in azienda a livelli di produttività e coesione elevati.
Pertanto, una delle parole che echeggiano tra le nuove frontiere dell'innovazione digitale, è il concetto di Employer Branding.

La capacità da parte dell'azienda di applicare i principi di branding al mondo delle risorse umane, rendendo il proprio marchio attrattivo nel tempo, per un candidato e/o un dipendente.

Trasformare la propria azienda come il posto ideale dove lavorare.

Legare agli aspetti economici fino a ieri leva principale per coinvolgere i collaboratori, **i benefits emozionali.**

Questo ha un grande valore, come abbiamo già avuto modo di vedere soprattutto per i millennials, attratti da etica, valori e mission.

L'unione di questi elementi fa sentire i propri collaboratori coinvolti, parte integrante di una squadra, stimolandoli a supportare l'azienda attraverso i propri profili social, online e anche offline.

Ho potuto constatare che spesso buona parte dei dipendenti di un'azienda oltre non "essere fan" della pagina aziendale, raramente condivide post, non commenta e tanto meno pubblica contenuti sulla propria vita aziendale.

Due mondi distinti.

Per stimolare i propri collaboratori in attività di sostegno e promozione, ogni azienda dovrebbe essere in grado di pianificare delle strategie ben definite, individuando le persone che possano trasformarsi da fidelizzati clienti interni ad efficaci Brand Ambassador interni.

Quale miglior influencer di chi ogni giorno vive la realtà di un'azienda, condividendone valori ed obiettivi, trasferendo le proprie emozioni alla propria rete di contatti.

Ma per far questo è necessario pianificare una strategia, senza pretendere che un collaboratore senza formazione e indicazioni si trasformi autonomamente in diffusore di notorietà.

Le fasi del Recruiting Funnel

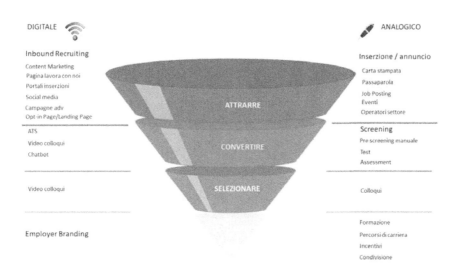

Questo schema evidenzia come è possibile organizzare un percorso che porta il potenziale candidato alla fase di assunzione e oltre.

Vengono affiancate le modalità tradizionali (analogiche) di recruiting a quelle più moderne (digitali).

Ricordiamoci che l'aspetto umano, ancora oggi riveste un ruolo principale in questa attività, perciò non può e non deve essere totalmente accantonato.

ATTRARRE (RICERCA)

Se fino a ieri molte aziende si limitavano al passaparola o a pubblicare un annuncio su supporti cartacei, oggi il web ci ha dato una serie di strumenti per fare in modo che il nostro brand sia "allettante" per chi cerca una opportunità di lavoro.

Ed è proprio grazie ad azioni di branding che possiamo emergere tra le tantissime offerte simili.

Ma quali strumenti abbiamo a disposizione:

Content Marketing

Il **Content Marketing** è una delle strategie di marketing più efficace per amplificare la visibilità e notorietà di un'azienda.
Si basa sulla creazione e condivisione di contenuti di valore, generando ciò che tecnicamente viene definito engagement, ovvero coinvolgimento, al fine di attrarre il proprio pubblico di riferimento orientandolo verso l'acquisto, o come nel caso del recruiting, nell'assunzione.

Lo strumento essenziale per una efficace strategia di Content Marketing è il piano editoriale, e di conseguenza la calendarizzazione attraverso il calendario editoriale.

Sapere cosa pubblicare, quando e dove.

La pianificazione della nostra attività prende pertanto in considerazione la mission ed il target di riferimento, al fine di poter definire il nostro piano di comunicazione e di azione.

Attraverso lo **Storytelling**, come abbiamo già avuto modo di vedere, coinvolgiamo l'audience di riferimento che si identifica attraverso la lettura dei contenuti, nei valori, passioni e identità dell'azienda.

A prescindere dallo strumento che utilizziamo per generare contenuti, (blog, sito internet, Facebook, Instagram, LinkedIn) dobbiamo tenere sempre in considerazione i due elementi fondamentali.

SEO (Search Engine Optimization)

SEM (Search Engine Marketing)

Ovvero l'utilizzo delle parole chiave più richieste, ed efficaci, che permettono al nostro sito o contenuto di essere trovato e di conseguenza posizionarsi tra i primi risultati nei vari motori di ricerca.

Essere trovati da chi stiamo cercando.

Area lavora con noi

Posizioni aperte, ma anche tanto altro.
La pagina lavora con noi, o career Site del sito internet aziendale, deve essere sempre presente.

Si, anche quando al momento non ci sono ricerche attive.
In questo caso sarà presente un Form dove i potenziali candidati possono lasciare i propri contatti ed inviare delle auto candidature.

La pagina carriere deve inoltre rappresentare l'identità dell'azienda, evidenziando con contenuti persuasivi la cultura, il clima aziendale, la mission ed i valori che la contraddistinguono dagli altri competitor.

Portali inserzioni

Gli operatori del settore attraverso i propri gestionali sono in grado di pubblicare con un solo click la medesima inserzione su più piattaforme allo stesso tempo.

Essendo questo il loro mestiere, riescono ad abbattere i costi grazie alle convenzioni e pacchetti annuali.

Per un'azienda che effettua una o due ricerche di personale all'anno, diventerebbe un costo insostenibile.

È anche vero che oggi molti portali hanno creato delle "ramificazioni", o partnership, ovvero a seconda di quale sito scegliamo per pubblicare la nostra offerta, di conseguenza lo stesso sarà diffuso su vari siti di ricerca lavoro, in maniera automatica. Il tutto compreso nel prezzo.

Anche per i portali di inserzioni la concorrenza inizia ad essere aggressiva ed ogni giorno nascono nuovi operatori che cercano di ritagliarsi uno spazio in questo mercato.

La scelta del portale giusto deve essere presa con molta attenzione, valutando tutte le variabili. (costi, posizione, tempi)

Social Media

I canali Social sono un ottimo strumento per dare visibilità alla propria azienda.

Facebook per l'Employer Branding, LinkedIn, il sito d'eccellenza per parlare di lavoro ed Instagram il canale ad alto impatto visivo, per comunicare attraverso le immagini.

La propria pagina aziendale all'interno dei social è una vetrina che deve essere minuziosamente curata, per trasmettere informazioni ed emozioni, che stia cercando personale o no.

Campagne Advertising

È proprio grazie ai social che è possibile imbastire delle strategie basate sulle sponsorizzazioni.

Le campagne advertising, oltre che su google (google ads) sono disponibili su tutte le altre piattaforme social, con costi sicuramente inferiori rispetto ad altri strumenti di promozione.

Capisco perfettamente che non tutte le aziende oggi siano organizzate per pianificare strategie efficaci di recruiting marketing, sia per la mancanza di risorse all'interno, quanto di competenze, tempo e risorse economiche.

Per questo motivo molte aziende si avvalgono, per la gioia di chi come me fa questo mestiere, di professionisti ed operatori del settore.

Può capitare una ricerca urgente, o meglio una ricerca per la quale non si è preparati ad affrontare un processo in maniera efficace (ricordiamoci sempre come abbiamo già visto l'importanza delle tempistiche).

In questo caso il supporto di una agenzia per il lavoro, una società di ricerca e selezione, un head hunter o un consulente, possono essere certamente delle eccellenti soluzioni temporanee, ma questo non deve essere motivo per abbandonare o rinunciare ad una forma seppur iniziale o basica di recruiting marketing.

Opt-in/Landing page

Le landing page e Opt-in page, sono due strumenti che non possono mancare in un Funnel di marketing, anzi si basa proprio sulla loro efficacia.

Infatti, il loro scopo è proprio quello di attrarre l'utente ed accompagnarlo verso una conversione.

La landing page o pagina di atterraggio "guida" l'utente che clicca su una mail, un link, un post.

Le landing page devono dare valore con contenuti gratuiti oppure offrire un vantaggio, come ad esempio un ebook gratuito.

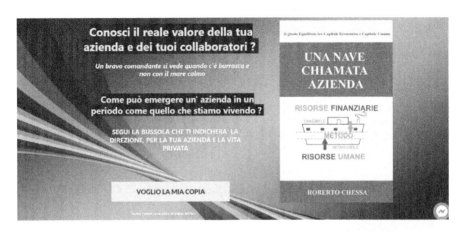

Esempio di landing page con ebook in omaggio

La differenza tra landing page e opt-in page sta nel fatto che mentre la prima deve portare il visitatore a fare una determinata azione, con più opzioni di scelta (informazione, conversione, vendita) nella seconda sei tu a scegliere cosa dovrà fare l'utente, senza alternativa.

Come diceva una famosa pubblicità, o è così o pomì.

L'obiettivo della opt-in page è quello di ottenere il maggior numero possibile di contatti nella tua lista mail.

Esempio di opt-in page

LA FASE DI SCREENING

Soprattutto davanti ad una urgenza, la fase di screening è quella che maggiormente viene trascurata.

Uno sguardo veloce al cv e poi via a convocare di persona il candidato per un colloquio.

Alcune aziende addirittura "delegano" questa attività al collaboratore meno impegnato al momento.

"tieni questi sono i cv, fissa i colloqui"

Oggi la tecnologia ci fornisce una serie di strumenti, che possono essere sfruttati dalle aziende a seconda delle esigenze e del budget.

ATS (Applicant tracking system)

Da qualche anno le varie software house hanno iniziato a produrre applicativi software in grado di gestire e tracciare l'intero processo di recruiting.

Tra i vari strumenti a disposizione c'è il modulo dedicato proprio allo screening, attraverso una serie di domande e questionari è possibile scremare in maniera automatica tutte quelle candidature che non rispettano i requisiti di base richiesti.

Se da un lato lo screening automatico è un valido supporto, dall'altra parte può toglierci l'opportunità di valutare una candidatura che seppur non in linea con l'attuale profilo ricercato, potrebbe essere perfetto per ricoprire altri ruoli in azienda, oggi o in futuro.

Pertanto, l'uomo riveste ancora oggi un ruolo fondamentale nel processo.

Ciò che invece è molto utile riguarda la tracciabilità dei dati.
Dopo aver sostenuto una ricerca, quante aziende tengono traccia dei candidati in un database.

Gli idonei, chi ha sostenuto un colloquio, i non idonei, chi non si è presentato al colloquio, i motivi di esclusione etc.

In questo modo non si corre il rischio di contattare più volte lo stesso candidato, magari nella famosa black list, di cui pochi ammettono l'esistenza.

Altro aspetto molto importante che purtroppo troppe aziende, anche del settore trascurano, è il fatto di avvisare tutti i candidati che hanno sostenuto un colloquio.

Il software in maniera automatica fa per noi questo lavoro con un semplice click. Avvisa tutti i candidati nelle varie fasi del processo, chi ha sostenuto il colloquio ed anche chi ha inviato la propria candidatura.

Video colloqui

La pandemia ha sicuramente dato una accelerata notevole a ciò che sino a ieri veniva utilizzato da pochi e snobbato da tanti.

Le video interviste sono eccellenti strumenti conoscitivi, per una prima fase del processo di recruiting.
Il candidato si sente a proprio agio, nel suo ambiente e questo è positivo, in quanto sarà maggiormente predisposto nell'aprirsi e rispondere alle domande del selezionatore.

Inoltre, evita come accade in molti casi spostamenti lunghi e costi, per poi sostenere una intervista rapida, dove in molti casi non viene dimostrata la giusta attenzione.

Test

Da tanti anni i test psico attitudinali vengono usati come strumento di scrematura.

Oltre delineare le caratteristiche di ogni individuo, evidenziano i punti di forze e le aree di miglioramento in base al profilo ricercato.

Oggi i test possono essere somministrati online, attraverso piattaforme web predisposte.

Personalmente utilizzo i test dal 2005 e li trovo di grande utilità sia in fase di scrematura quanto di valutazione delle performance, ma capisco perfettamente che per una piccola impresa può essere dura sostenere il costo.

Infatti, l'unico limite è legato proprio all'aspetto economico. In base al numero di candidature da valutare il costo può salire notevolmente.

Il mio consiglio in questo caso è di rivolgersi ad operatori del settore esperti e valutare insieme il piano dei costi in base agli obiettivi.

Chatbot

Comunemente chiamate chat automatiche, le chatbot, figlie dell'intelligenza artificiale, accompagnano il candidato che visita il sito aziendale in un percorso guidato.

Possono essere utili ma attenzione in quanto se non si dispone di un tool altamente professionale invece che avvicinare l'utente verso la candidatura, si rischia di allontanarlo, per mancanza di "contatto umano".

Quanti di voi abbandonano una conversazione davanti ad un robot che non ci dà le informazioni di cui abbiamo bisogno?

Ripeto, favorevole alla tecnologia ma non per tutto e tutti.
L'essere umano, come detto più volte è sempre in grado di fare la differenza.

Gli strumenti digitali devono essere al servizio dell'essere umano, non sostituirlo.

LA FASE DI SELEZIONE

Così come nella fase finale di una trattativa commerciale, un potenziale cliente può decidere di non acquistare, allo stesso modo capita che un candidato accetti l'offerta di un'azienda concorrente.

Ecco perché ogni fase deve essere curata con attenzione, ed anche la parte finale del nostro recruiting funnel.

I colloqui dal vivo, di persona, ritengo che siano ancora lo strumento più efficace per accompagnare il candidato all'inserimento in azienda, valutandone competenze ed attitudini.

LA FASE DI FIDELIZZAZIONE

Molti modelli di Recruiting Funnel si concludono con la fase di assunzione.

L'attività di selezione ed il lavoro dei recruiter sono direttamente collegati a tutte le altre attività di gestione e valorizzazione delle risorse umane.

Come per la vendita, molti si dimenticano del fatto che il post-vendita sia l'elemento che ci permette di fidelizzare il cliente rafforzando il nostro brand sul mercato e sulla concorrenza.

Parlando di marketing è inevitabile fare paragoni con la vendita.
Acquisire nuovi clienti è un compito arduo, e ciò nonostante molti "venditori", dopo la tanto agognata firma sul contratto, si dimenticano di "coccolare" il cliente, il quale sentendosi trascurato cederà alle lusinghe della concorrenza.

Troppe aziende purtroppo commettono lo stesso errore con i loro talenti, che con fatica ed impegno hanno ricercato, magari strappandoli alla concorrenza.

Ma dopo l'assunzione cosa succede?

Molti candidati sono bravi nel "vendersi" in fase di selezione, per poi dimostrarsi "altra cosa" nel normale svolgimento della propria attività.

Allo stesso modo, molte aziende durante i colloqui per "convincere" il talento a far parte della propria squadra, si presentano per ciò che realmente non sono, o fanno promesse che poi non sono in grado di mantenere.

Come in molti atri casi c'è sempre il risvolto della medaglia.

L'inserimento in azienda di un nuovo collaboratore deve essere accompagnato da una strategia che lo coinvolga e possa accrescere le sue competenze, che lo valorizzi e motivi, all'interno di un "sistema" chiaro e condiviso.

Formazione, incentivi, piani di carriera, sono solo alcuni degli strumenti che possono trasformare il nostro collaboratore in un vero Brand Ambassador.
:

CANDIDATE EXPERIENCE

Nello schema qui sopra vediamo il percorso che porta un cliente da semplice prospect (potenziale cliente) a diventare un cliente fidelizzato ed entusiasta.

Nel caso del reruiting, il "viaggio" si trasforma in "da potenziale candidato a Brand Ambassador".

"La Customer Experience è il modo in cui i clienti percepiscono l'insieme delle loro interazione con l'azienda."

Prendendo spunto dalla definizione proposta da H.Manning e K.Bodyne nel libro "Outside in: the power of putting customers at the center of your business", la customer experience è la percezione che i consumatori hanno del loro rapporto con il brand.

Per dare forza al concetto le varie interazioni vengono identificate attraverso dei touchpoint.

Non a caso, in precedenza ho utilizzato il termine viaggio, proprio per evidenziare le varie tappe che formano l'intero percorso.

Il passaggio da potenziale cliente a cliente entusiasta è composto da varie fasi.

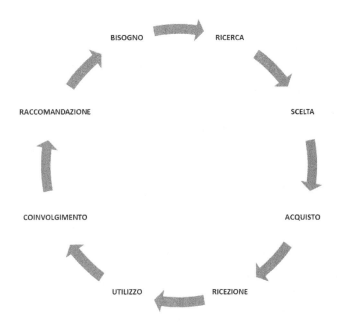

Ogni acquisto nasce come primo passo con il verificarsi di un bisogno, di una esigenza.

A seguire tutti noi, quando vogliamo acquistare qualcosa facciamo una **ricerca**, compariamo i prezzi, i fornitori, e solo dopo aver preso tutte le informazioni effettuiamo la **scelta**.

Per molti l'acquisto, è la fase finale del ciclo, ma come possiamo notare l'esperienza del cliente va decisamente oltre.

Se si ordina online c'è anche la fase di **ricezione** del prodotto, ma anche offline viviamo comunque una esperienza che si somma alle precedenti.

A questo punto inizia la fase di **utilizzo** (semplice, intuitiva, in base alle aspettative) di ciò che abbiamo comprato, generando un **coinvolgimento** positivo o negativo.

L'esito ci porterà ad essere dei promotori del marchio, attraverso la **raccomandazione**, oppure dei detrattori con recensioni negative.

Net Promoter Score

*Per dare forza a quanto appena detto, come alternativa ai tradizionali sistemi di misurazione della soddisfazione del cliente, nel 2003 Fred Reichheld, autore di "The Ultimate Question", ha ideato il **Net Promoter Score**.*

La più nota metrica, per valutare, oltre il livello di fedeltà dei clienti, la relativa propensione a raccomandare ad altri un prodotto o un'azienda.

La domanda è:

Con quale probabilità consiglieresti questo prodotto ad un familiare, amico, collega?

Net Promoter Score, misura la proporzione di "promotori" di un prodotto, brand, servizio, rispetto ai "detrattori".
Il numero può andare da -100 (tutti sono detrattori) a +100 (tutti sono promotori).

Le risposte fornite dai clienti sono classificate come segue:

- 0-6 = **Detrattori:** *clienti insoddisfatti che potrebbero danneggiare il brand attraverso un passaparola negativo;*
- 7-8 = **Passivi:** *clienti soddisfatti ma indifferenti, che potrebbero essere influenzati dalla concorrenza, e che non consigliano il prodotto o l'azienda;*
- 9-10 = **Promotori:** *clienti fedeli, che riacquisteranno il prodotto, e lo consiglieranno ad altre persone.*

Il Net Promoter Score viene calcolato sottraendo la percentuale di detrattori, alla percentuale di promotori ottenuta. Il risultato però, non viene espresso in punti percentuale, ma come numero assoluto, compreso tra -100 e +100.

Dunque, la formula è:

NPS = (% Promotori - % Detrattori)

Se volessimo calcolare il nostro NPS, cosa dovremmo fare?

Bisognerà chiedere a tutti i clienti attivi, di dare un voto da 0 a 10, alla domanda:

Quanto consiglieresti la nostra azienda/prodotto/servizio, ad un tuo conoscente?

In base ai dati raccolti, potrai suddividere i tuoi clienti nelle tre fasce sopra elencate:

- *punteggio da 9 a 10: **"promotori"**, quindi largamente soddisfatti della loro esperienza d'acquisto;*
- *punteggio da 7 a 8: **"passivi"**, quindi "neutri" al fine della verifica;*
- *punteggio da 0 a 6: **"detrattori"**, quindi insoddisfatti del trattamento ricevuto.*

Supponiamo che in base al tuo database, emerga che il 50% sia formato da promotori, per il 40% da passivi, ed il restante 10% da detrattori.

Senza prendere in considerazione i passivi, procediamo al calcolo:

(% promotori - % detrattori) = NPS / 50 - 10 = 40
Il tuo NPS, sarà 40.

Un buon Net Promoter Score, dovrebbe aggirarsi tra i 50 e gli 80, considerando le variabili di settore, ed area geografica.

Anche in Italia, ha iniziato a prender piede l'ausilio dello strumento NPS, seppur tenendo bene a mente, la differenza culturale con i paesi anglosassoni.

Ovvero, noi Italiani, sin da piccoli, cresciamo con l'idea che 8 sia già un voto ottimo. Quanti alunni a scuola prendevano 9 o 10? E non per questo eravamo tutti dei somari.

Pertanto, c'è da prendere in considerazione il fatto che molte persone, alla domanda "consiglieresti l'Azienda Pippo", con un 8, potrebbero pensare di dare un voto alto.

Come ultimo spunto di riflessione, sarebbe preferibile, non trascurare la percentuale di passivi, seppur non incisivi ai fini del conteggio.

Infatti, un numero elevato di clienti passivi o neutri, indica una scarsa attitudine nel trasferire valore e fidelizzare il cliente.

Questi clienti, nonostante abbiano acquistato, da un momento all'altro, potrebbero rivolgersi alla concorrenza.

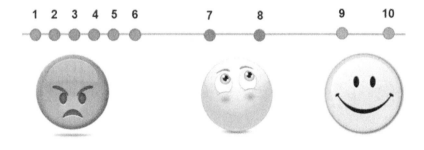

La non soddisfazione del cliente deve essere vista come leva, per un cambiamento o miglioramento.

Dirti che lo stesso concetto lo possiamo tranquillamente riportare alla gestione e cura dei nostri collaboratori, è scontato.

Candidate Journey

Parliamo di Candidate Experience in relazione alla percezione che hanno i candidati durante l'intero processo di ricerca e selezione.

Prima dell'avvento di internet, il passaparola era la modalità più diffusa per parlare bene o male di un'azienda.

Oggi i social media, e i siti di recensioni hanno completamente rivoluzionato questo aspetto.

Infatti, le esperienze negative, di acquisto come quelle legate alla fase di recruiting "viaggiano" in maniera rapida e spesso incontrollata.

Una notizia, soprattutto quando negativa, si diffonde sul web attraverso le varie condivisioni, like e commenti.

E d abbiamo visto che quando si è "semplicemente" soddisfatti, difficilmente si lascia una recensione o una raccomandazione, mentre se si vive una esperienza negativa, non si vede l'ora di condividere la notizia.

Perciò i costi finali di una esperienza negativa per le aziende possono essere decisamente alti, e bisogna tenerne conto.

Dall'altra parte i benefici legati alla soddisfazione del candidato, riguardo una esperienza positiva, contribuiscono notevolmente alla reputazione dell'azienda, agevolando la qualità delle future candidature, e di conseguenza riducendo i costi legati alla ricerca e selezione.

Ma ritorniamo al "nostro viaggio", o meglio a quello del candidato, andando ad evidenziare e ricapitolare i vari touchpoint che formano il ciclo della candidate experience.

Lo facciamo utilizzando il simbolo dell'infinito, proprio per rafforzare il concetto che l'esperienza è un ciclo senza fine, che se sviluppato nel modo corretto, porta un potenziale candidato a diventare Brand Ambassador, quindi parte attiva del passaparola sano ed automatico.

Più precisamente parliamo di **Candidate Journey** per definire il percorso che prevede i vari punti di contatto attraverso i quali un utente/cliente/candidato, interagisce con l'azienda.

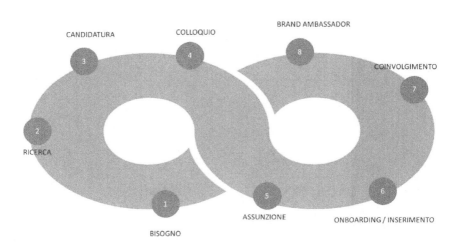

Le varie tappe del percorso di fidelizzazione, sia online che offline, evidenziano ogni singola interazione che il candidato instaura con l'azienda prima, durante e dopo l'assunzione.

Mappare la Customer Journey è fondamentale per avere chiaro come ottimizzare e migliorare ogni fase del percorso, in modo da poter implementare strumenti e modalità, per migliorare l'esperienza positiva del candidato.

RECRUITER 4.0

Un tempo chi si occupava di ricerca e selezione del personale aveva un ruolo chiaro con competenze ben definite, oggi non è più così, anche se alcuni ancora continuano a restare ancorati a modalità ed approcci vecchio stile.

Fare recruiting oggi vuol dire essere flessibili, unire all'aspetto tecnico del selezionatore, le soft skills dello psicologo e l'approccio del marketer.

Nel 1996, con tanto entusiasmo e pochissima esperienza ebbi i primi due incarichi da recruiter, una per un mobilificio e l'altra per una finanziaria.

Sono passati parecchi anni ma lo ricordo come se fosse oggi.

Prima che l'attività di ricerca e selezione del personale diventasse una parte fondamentale del mio lavoro, ho dovuto studiare tanto, e fare esperienza con società specializzate in questo mestiere.

In quegli anni non c'era una regolamentazione precisa, autorizzazioni ministeriali, albi professionali e leggi sulla privacy.

Mi ero "inventato" un mestiere senza sapere che da lì a breve lo sarebbe diventato a tutti gli effetti.

Ho vissuto sulla mia pelle, la trasformazione digitale, l'esplosione dei vari portali, la crisi del mercato del lavoro.

Se 20 anni fa su giornali come il Corriere del lavoro o il Sole 24 ore c'erano gli inserti con decine di pagine dedicate alla ricerca di lavoro, oggi i portali presentano centinaia di migliaia di inserzioni.

Strumenti che prima potevano sembrare fantascientifici o legati esclusivamente a chi per mestiere si occupa di pubblicità o marketing, oggi si sono digitalizzati e sono diventati di uso comune anche per chi si occupa di risorse umane.

Le digital skills, non possono essere trascurate e sempre più faranno parte del bagaglio professionale e delle competenze dei recruiter, sia per gli operatori del settore quanto per quelli interni alle aziende.

Il recruiter, nella propria pianificazione dovrà tener conto di una serie di attività che prima non venivano prese in considerazione.

Dovrà continuare ad occuparsi di:

- Inserire annunci di lavoro;
- Scremare i cv e le candidature pervenute;
- Analizzare i cv ed i profili dei candidati;
- Valutare i candidati, le loro competenze ed attitudini;
- Effettuare colloqui;
- Rispondere ai candidati che hanno inviato una candidatura e/o sostenuto un colloquio;
- Monitorare la concorrenza;
- Ricercare potenziali clienti.

In queste attività potrà anche avvalersi, come abbiamo avuto modo di vedere anche di software ed applicativi vari, per snellire e accelerare il processo.

A questo dovrà aggiungere una serie di nuove attività nel proprio planning.

Digital Hunting

Se fino a qualche anno fa i recruiter attraverso le proprie conoscenze dirette o database interni, effettuavano attività di head hunting alla ricerca di talenti passivi, oggi hanno a disposizione il mondo intero.

Ci sono molte persone che non cercano attivamente lavoro in quanto già occupate, ma che sarebbero ben disposte a valutare nuove opportunità, qualora in linea con il proprio profilo ed ambizioni.

Il compito del recruiter è quello di monitorare la rete, i vari canali social, alla ricerca di nuovi profili interessanti.

Sfruttare la potenza delle parole chiave e del proprio personale network.

Spy Candidate 4.0

In presenza di un profilo interessante, era abitudine quella di verificare o domandare referenze.

Oggi è possibile ottenere una serie di informazioni direttamente osservando i profili social del candidato, verificare la sua reputazione, la rete di contatti, le varie attività (like, tag, commenti).

Cosa condivide, cosa comunica, come lo fa, con chi lo fa.

Una sorta di spionaggio legale, nell'era del digitale.

Personal Branding

Il recruiter obbligatoriamente, dovrà dedicare il giusto tempo per curare la propria immagine online.

Gestire i vari profili, soprattutto quelli professionali come LinkedIn, per fare in modo di essere trovato da chi cerca lavoro.

Dovrà creare contenuti interessanti **(posting)**, lavorando sui vari blog, o condividendo contenuti ad alto valore, sfruttando le parole chiave più ricercate al momento.

Senza mai dimenticarsi di allargare la propria rete di contatti **(networking)**

Ed infine, monitorare costantemente gli indici di performance.

DIGITALE	ANALOGICO
DIGITAL HUNTING	ANNUNCI DI LAVORO
	SCREENING CV
SPY CANDIDATE 4.0	ANALISI CV
	VALUTAZIONE CANDIDATI
PERSONAL BRANDING	COLLOQUI
	RISPONDERE AI CANDIDATI
POSTING	ANALISI COMPETITOR
NETWORKING	RICERCA CLIENTI

Gli indici di performance

Ad essi voglio dedicare uno spazio tutto loro.

I numeri sono fondamentali, come sempre ci fanno capire se stiamo lavorando bene, ed eventualmente ci consentono di correggere alcune fasi del processo.

Nonostante a distanza di 18 mesi il 50% delle assunzioni si riveli poco soddisfacente per almeno una delle due parti, troppe aziende ritengono che il tempo da dedicare all'analisi dei dati non ci sia, o che questa attività sia troppo complessa, lunga o costosa.

Ma quanto costa sbagliare l'inserimento di un nuovo collaboratore?

Quanto costa perdere un talento per non essere stati in grado di monitorare l'attività, e trattenerlo?

Quanto costa dover ricominciare tutto da capo?

Gli indici di performance o KPI (key performance indicator), ci aiutano a trovare una risposta e 3 domande principali:

- Come stiamo lavorando?
- Riusciamo a raggiungere i nostri obiettivi?
- Quale fase del processo migliorare e perché?

Nel mondo delle risorse umane gli indici di performance, ci consentono di misurare i risultati, ottimizzare il processo, migliorare la candidate experience e prevenire eventuali errori.

Capisco anche che la mancanza di abitudine e metodo, possa creare confusione in molte aziende e recruiter che fino ad oggi hanno avuto come metrica di riferimento esclusivamente quella economica.

Tecnicamente chiamata **cost to hire** (costo di assunzione) è la più semplice da calcolare, infatti solitamente è calcolata dividendo i costi totali del processo di recruiting, per il numero totale dei nuovi assunti.

Ma da sola serve a poco se non si comprendono i vari flussi.

Gli annunci di lavoro

Utilizzare gli indicatori di performance per comprendere l'efficacia di ogni singolo annuncio è fondamentale.

- Numero di visualizzazioni;
- Numero di candidature;
- Candidati convocati;
- Candidati incontrati;
- Proposte fatte;
- Proposte accettate

È fondamentale avere ben chiare tutte le varie fasi del processo per comprendere eventualmente in quale fase si "inceppa".

Allo stesso modo è indispensabile conoscere i canali e le singole fonti.

Per questo aspetto ci viene in aiuto la metrica **Souce of Hire,** identificando le fonti di provenienza dei candidati, siti, canali social, area lavora con noi, database interno.
Evidenzia le più efficaci in relazione al singolo annuncio o alla globalità delle pubblicazioni in un dato arco temporale.

È fondamentale capire in relazione ad una determinata posizione e/o area geografica quale canale e/o strumento sia più efficace, ma spesso calcolarlo diventa difficile se non si dispone di un software specifico.

Personalmente negli anni, insieme ai dinosauri abbiamo creato un programmino basato su Excel, ma collaborando spesso con varie realtà ho avuto modo di lavorare con strumenti digitali quali ATS che in automatico fanno per me il lavoro, facendomi dedicare ad altre attività.

Per una piccola azienda diventa complicato lo capisco, sia dal punto di vista economico per l'acquisto di un software specifico, e anche per quanto riguarda la capacità di utilizzare Excel.

Può sembrare un paradosso ma è così, o almeno così per la mia esperienza, condivisa da molti colleghi.

È un'operazione che richiede tempo e se non si ha dimestichezza con formule, tabelle pivot, grafici, incroci di fogli, si rischia di passare la giornata a guardare il monitor.

Purtroppo, il livello di conoscenza di un applicativo come Excel, in molte aziende è ad un livello base, anche meno.

Oltre i tradizionali annunci o campagne per attrarre talenti, ogni azienda deve disporre di un database interno, e di conseguenza avviare campagne come ad esempio di e-mail marketing, per avvisarli della ricerca in atto.

La portata della nostra campagna è calcolata dalla metrica **Reach for Hire,** che include il numero totale dei candidati inseriti all'interno del nostro database interno o di tutti quei contatti che possono essere interessati dal nostro messaggio.
Infatti, ai "canonici" cv presenti in archivio, dobbiamo aggiungere i vari follower delle pagine social, gli iscritti alle newsletter ed i contatti delle singole company page.

Se è vero che il tempo è denaro, quanto tempo impieghiamo per portare a termine il nostro lavoro?

Attraverso gli indicatori **time to fill**, possiamo avere una visione ben definita delle tempistiche necessarie per gestire un intero processo, dalla pubblicazione dell'annuncio, sino all'inserimento in azienda del nuovo candidato.

Un indice molto alto evidenzia il fatto che qualcosa nel nostro "imbuto" non sta funzionando come dovrebbe.

Conclusioni

In questo libro ho cercato di inserire una serie di spunti di riflessione, concetti ed informazioni che trasferisco quotidianamente ai miei clienti in azienda e agli studenti in aula.

Ritengo che la condivisione sia un aspetto fondamentale del nostro lavoro, accresce la consapevolezza, migliora il confronto ed aiuta a sviluppare la cultura all'interno delle imprese.

Lo si fa per lavoro, ma anche nella speranza che qualcosa possa cambiare, e che finalmente si riesca a comprendere l'importanza e la forza che porta in azienda una persona soddisfatta del proprio lavoro.

Trasmette una energia incredibile aiutando le aziende ad emergere e fare la differenza, anche in un periodo storico come quello che stiamo vivendo.

E ricordiamoci, come ho detto più volte, che ogni nuova forma di tecnologia e supporto, è sempre benvenuta, ma questa deve sempre essere al servizio dell'essere umano, mai il contrario.

Vademecum del buon Recruiter 4.0

Definisci i tuoi obiettivi

Cura la tua immagine online

Coltiva la tua rete di contatti

Monitora sempre i risultati

Non dare mai niente per scontato

Concludo con un concetto che ormai mi accompagna oltre che nei libri, in molti finali di corsi ed interventi dal vivo.

"studia, aggiornati sempre, sperimenta, sbaglia, impara, cresci, crea opportunità"

Buon recruiting a tutti
Roberto

APPUNTI

APPUNTI

APPUNTI

Printed by Amazon Italia Logistica S.r.l.
Torrazza Piemonte (TO), Italy

49763576R00117